성서사십주간

성경 읽기 안내 구약 2

편집

책임편집 최안나, 영원한도움 성서연구소 소장
편집 영원한도움 성서연구소

말씀 봉사자

조화선, 김경랑, 김승희, 김종옥, 배미향, 배조자, 백복현, 서효경, 윤미자, 이송자, 이용결, 이우식, 이정순, 이호선, 임승희, 장명희, 전배경, 전재열, 정윤희, 한소춘

기 타

성서연구소 전임 연구원 - 곽해순, 권영랑 / 김미령
표지 - 김보람 / 본문 편집 디자인 - 배준희

성서사십주간

성경 읽기 안내 구약 2

성서와함께

일러두기

1. 이 책에서 인용하는 성경 본문은 가톨릭 공용 《성경》입니다.
   성경 ⓒ 한국천주교중앙협의회
2. 성경 이름은 《성경》의 약어에 따라 첫 두 글자나 한 글자로 줄여 씁니다.
   창세기 → 창세, 사무엘기 상권 → 1사무, 욥기 → 욥
3. 성경 구절의 표기는 《성경》에 따라 아래와 같이 적습니다.
   창세기 1장 1절 → 창세 1,1
   창세기 1장 1절에서 5절까지 → 창세 1,1-5
   창세기 1장 1절과 5절 → 창세 1,1.5
   창세기 1장 1절과 2장 1절 → 창세 1,1; 2,1
   창세기 1장 1절과 탈출기 1장 1절 → 창세 1,1; 탈출 1,1

성서사십주간《성경 읽기 안내》를 펴내면서

1981년《성서사십주간》이 처음 발간되고, 가톨릭성서모임을 통해 성경 읽기 운동이 널리 확산되었습니다. 하느님 말씀의 씨앗은 계속 뿌려지며, 이제 한국 교회에는 성경 말씀을 안내하는 체계가 더욱 풍요로워졌고 다양한 주석서와 유익한 안내서가 많이 소개되고 있습니다. 또한 성경 연구와 주석의 내용에도 많은 진전이 있었습니다. 이에《성서사십주간》도 새롭게 펴낼 필요성을 인식하여 개정 작업에 착수하였습니다.

* 완전히 개정되는 (전정판)《성서사십주간》은 성경 읽기 안내 1-3권, 오경, 역사서, 시서와 지혜서, 예언서, 그리고 복음서와 서간편, 마지막으로 지도(별책)로 구성되어 있습니다.

*《성경 읽기 안내》는 아주 쉽게 성경 전체를 한 번 읽으며 공부하는 초급 단계를 안내하는 자료이고, 세분화된《오경》이하 안내서는 좀 더 전문적인 내용을 담고 심화된 성경 공부를 소개합니다. 그동안《오경》(2006년 7월)과《역사서》(2007년 2월)를 내놓았고 이제《성경 읽기 안내》2권,《시서와 지혜서》그리고《예언서》편을 출간하게 되었습니다.

《성경 읽기 안내》는 평화방송 'TV 성서사십주간' 강의에 근간을 두고 있습니다. 그것을 안내서 내용의 수준을 가늠하는 잣대로 삼았고, 무엇보다 말씀의 봉사자들이 방송에 출연한 복음적 지향이 귀해서 그 자료를 기초로 삼았습니다.

말씀의 봉사자는 성경 말씀에 매료된 이들입니다. 성경을 통해 하느님을 만나고, 성경 안에서 기쁨과 생명을 발견하고 새로 나는 환희의 눈물을 흘린 이들입니다. 본디 자격을 갖춘 것도 아니고, 전문적으로 배운 것도 없고, 주님 외에는 내세울 것도 없지만 말씀을 통해 받은 은혜는 나눌 수 있겠다고 말하는 이들입니다. 예수님을 만난 이들이 예수님을 전하며 사람들을 예수님에게 이끌듯, 그렇게 말씀을 만난 감격을 전하며 사람들을 말씀으로 인도하는 이들입니다.

《성경 읽기 안내》는 성경에 대한 것을 소개하지 않고 무엇보다 먼저 '성경 말씀 자체'를 펼치고 읽도록 안내합니다. 말씀과 깊이 만나시기를 기도합니다.

이 책이 나오기까지 배려하고 도와주신 모든 분과 특별히 말씀의 봉사를 해 오신 모든 분께 감사를 드립니다.

2007년 5월 성모 성월에
최안나 수녀

성서사십주간이란

방법과 순서

성서사십주간은

신·구약 성경을 40주간 내에 읽을 수 있도록 매일 분량을 제시하고 짧은 해설과 함께 성경의 중요한 내용을 알려 줍니다. 이러한 방법으로 성경을 읽는 동안 우리는 성경 전체의 흐름을 파악하게 되며, 하느님의 말씀이 인류 역사를 통해서 어떻게 이루어지는가를 알게 됩니다.

이스라엘 백성은 40년 동안 광야에서 생활하면서 하느님을 체험하였고, 예수님께서는 공생활 전에 광야에서 40일간 기도하셨습니다. 새로운 이스라엘 백성인 우리도 40주간 동안 성경을 읽으면서 지금 우리 각자에게 말씀하시는 하느님을 만나게 될 것입니다.

신·구약 성경을 40주간 내에 통독하기 위해서는 매일 제시된 분량을 충실히 읽어야 합니다.

40주간 동안 계속하여 성경을 읽는다는 것은 결코 쉬운 일이 아닙니다. 그러나 구원의 말씀과 직접 만나려는 뜻을 가지면, 그날그날 성경 말씀에 맛 들이게 되면서 성경 읽는 시간이 즐거워질 것입니다. 그리스도인에게 성경을 읽는 시간은 기도 드리는 시간과 마찬가지로 영혼의 양식을 얻는 데 꼭 필요한 시간입니다.

우리는 성경을 대충 골라 읽을 것이 아니라 첫 말씀부터 끝 말씀까지 전체를 읽어야 합니다. 우리는 대체로 미사 전례 때 낭독되는 성경 말씀에는 익숙하지만 다른 부분에 대해서는 잘 알지 못합니다. 그러나 우리가 신앙생활의 근원이 되는 성경을 이해하기 위해서는 그 외의 말씀도 읽어야 합니다. 또한 신약성경이 구약성경을 배경으로 한 만큼, 신약성경의 메시지를 깊이 알아듣기 위해서는 구약성경을 읽어야 합니다.

중심이 되는 것은 성경입니다.

이 안내서는 성경 본문을 이해하고 맛들이면서 읽을 수 있도록 도와주는 역할을 할 뿐입니다. 그러므로 이 책에 제시된 부분을 성경과 함께 읽어 가야지, 본 안내서에만 의존하려 든다면 별다른 효과를 얻을 수 없을 것입니다. 이 책은 간추린 성경도 아니며, 성경 해설서나 참고서도 아닙니다. 무엇보다도 중요한 것은 성경 본문을 읽으면서 하느님께서 계시해 주시는 바와 흐름을 파악하며 자신의 신앙을 키워 나가는 일입니다. 성경을 충실히 읽는 신자는 구원의 역사와 하느님의 말씀을 이해하고 성경 읽기를 즐기게 되며, 미사성제의 의미도 한층 깊이 깨닫고 혼자서도 친밀하게 기도할 수 있게 될 것입니다.

살아 계시는 생명의 말씀

"한처음에 하느님께서 하늘과 땅을 창조하셨다.
땅은 아직 꼴을 갖추지 못하고 비어 있었는데,
어둠이 심연을 덮고 하느님의 영이 그 물 위를 감돌고 있었다.
하느님께서 말씀하시기를 '빛이 생겨라' 하시자 빛이 생겼다.
하느님께서 보시니 그 빛이 좋았다.
하느님께서 보시니 손수 만드신 모든 것이 참 좋았다"(창세 1,1-4.31).

참가자는 매주 한 번 모입니다.

본 안내서는 창세기의 6일 창조 성업을 본떠서 첫째 날에 시작하여 여섯째 날에 마치고, 일곱째 날에 모임을 갖는 7일 주기로 구성되어 있습니다. 일곱째 날은 지난 한 주간 동안 개별적으로 읽은 성경을 교회 공동체 안에서 함께 나누며 기도하고 강의를 들음으로써 우리 신앙생활에 도움을 받는 날입니다. 이 날이 반드시 주일이어야 할 필요는 없습니다.

일곱째 날 모임에서는 한 주간 동안 성경을 읽으며 체험한 느낌을 나눕니다.

자신이 성경을 읽으며 깊이 느낀 점이나 생활에 변화를 가져온 구절을 이야기합니다. 이러한 대화는 순수한 나눔이므로 비판이나 평가는 삼가야 합니다. 매주 자신의 느낌을 솔직하게 이야기하는 것은 쉬운 일이 아닙니다. 그러나 서로의 나눔을 통해서 성령의 작용과 풍요로움을 체험하게 되며, 더욱 진지한 마음으로 성경을 읽게 됩니다.

기도는 혼자 성경을 읽을 때나 일곱째 날 모임에서나 빼놓을 수 없는 중요한 요소입니다.

기도는 하느님의 말씀에 응답하는 소중한 체험이므로, 제2차 바티칸 공의회의 계시헌장(25항)에서는 다음과 같이 가르치고 있습니다. "성서를 읽을 때는 하느님과 인간의 대화가 이루어지도록 기도가 따라야 함을 명심하여야 한다. 왜냐하면 '우리가 기도할 때에는 하느님께 말씀드리는 것이고, 우리가 하느님의 말씀을 읽을 때에는 그분의 말씀을 듣는 것'이기 때문이다."

매일 성경 읽기 순서

1. 성령께 마음을 열어 주시도록 기도합니다.
2. 성경 본문을 한 줄도 빠뜨리지 않고 차근차근 읽습니다.
3. 안내서의 해설을 읽어가면서 주요한 장절을 익힙니다.
4. 자신의 생활을 성경 말씀에 비추어 반성하며 묵상합니다.
5. 그날 읽은 성경에서 감동받은 구절이나 느낌을 3-4줄 정도로 노트에 적습니다.
6. 제시된 시편과 해당 성경 구절로 기도하거나 또는 자유 기도를 바칩니다.

일곱째 날 모임 순서

1. 정해진 시간과 장소에 늦지 않게 모입니다.
2. 성가를 부르며 마음을 준비하고 간단한 시작 기도를 바칩니다.
3. 읽은 성경 중에서 몇 구절을 봉독합니다.
4. 한 주간 동안 읽은 부분에 대한 첫 강의를 듣습니다(45분).
5. 잠시 쉬면서 그룹별로 둘러앉아 한 주간 동안 성경을 읽으며 느낀 점을 나눕니다(30분).
6. 서로 나눈 말씀과 느낌을 바탕으로 자유 기도를 바치고 마칩니다.
7. 둘째 강의를 듣습니다(50분).
8. 간단한 기도나 성가로 모임을 모두 마칩니다.
9. 사제가 있는 경우에는 강복을 청하여 받습니다.

일곱째 날 모임은 2시간 30분 이내에 끝내야 합니다.

이 책의 순서에 따라 가능하면 40주간 내에 성경을 완독하는 것이 가장 좋습니다. 형편에 따라 단축 또는 연장할 수 있으나 쉬는 시간이 짧아야 좋습니다.

말씀에는 응답이 따라야 합니다. 우리는 읽은 것을 묵상하고 기도하며 우리의 신앙을 고백해야 합니다. 또한 말씀에 순종하면서 우리의 생활로써 응답해야 합니다.

약 속

성서사십주간을 시작하는 나는
기도하며 미사에 능동적으로 참여한다.
매일 해당 성경을 정한 시간에 충실히 읽는다.
일곱째 날 모임에 지각이나 결석을 하지 않는다.

하느님을 찬양하는 다윗과 성가대, 11세기, 하일리겐베르크 시편집 삽화, 바티칸 도서관.

시서와 지혜서 전체 보기

1. 입문

"말도 없고 이야기도 없으며 그들 목소리조차 들리지 않지만"(시편 19,4) 사람들의 마음속 깊이 생명의 기운을 불어넣어 주시는 하느님의 말씀을 생각합니다. 무엇보다도 수천 년 전, 고대 근동의 히브리인들에 의해 쓰인 구약성경의 시서와 지혜서를 더 잘 이해하려면 성경의 문체와 그 특성을 알아야 합니다.

성경에는 분명한 저술 의도와 목적이 있으며, 그 메시지를 효과적으로 전달하기 위해 여러 가지 문학 유형과 다양한 문체를 사용합니다.

시서 - 시의 특징인 시어와 운율이 들어 있고 이스라엘 고유의 대구법이 주로 쓰인다.
지혜서 - 가르침이나 교훈을 강조하기 위해 강한 대비법이나 풍자적 언어를 사용한다.

구분

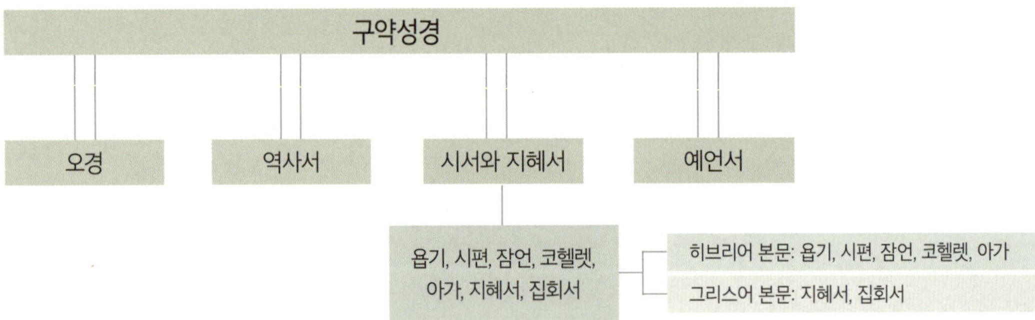

2. 시서와 지혜서의 형성

1) 형성 시기

이스라엘 민족은 운율과 시적 기법을 사용해서 공동체의 체험을 후손에게 전달했습니다. 그중에 시편은 시문학의 금자탑입니다. 하느님 백성의 찬미와 탄원과 감사와 교훈을 담고 있는 시편은 다윗 임금 시대부터 유배 이후까지 700여 년에 걸쳐 이루어진 것으로 봅니다.

이스라엘의 지혜문학은 다윗-솔로몬 시대부터 태동하기 시작하여 바빌론 유배 이후에 문서로 꾸며졌습니다.

솔로몬, 유리화, 샤르트르 대성당.

다윗: 주변 국가들에게 문호 개방 정책을 폄
지혜문학이 형성되기 시작(기원전 1000년경)

솔로몬: 부왕 다윗의 개방 정책을 본격적으로 추진
이집트의 지혜문학이 들어옴
이스라엘 현자들이 지혜학교를 세움

바빌론 유배 이후: 이스라엘 현자들이 토라를 연구하고 해석하면서
성경에 나타난 하느님의 지혜를 찾음

헬레니즘 시기: 그리스 사상에 물들어 가는 위기의 때에 지혜문학이 확장되고
마지막으로 지혜서가 쓰임(기원전 100-기원전 1세기 후반기)

지혜문학은 오경과 역사서, 예언서에 비해 상당히 뒤늦게 편찬되었습니다. 그렇지만 지혜문학에 기록된 내용과 통찰이 뒤늦게 생겨난 것은 아닙니다. 왜냐하면 율법과 예언이 분명한 형태를 갖추면서, 이를 현실에 적용하고 응답한 표현이 지혜문학으로 모아졌기 때문입니다.

2) 저자

불가타를 비롯한 가톨릭교회의 전통에서는 지혜문학의 저자를 솔로몬으로 보았습니다. 이는 마치 오경의 저자를 모세에게 돌리고, 시편의 저자를 다윗에게 돌리는 것과 같다고 하겠습니다. 모세가 율법을 전수받았다면, 다윗은 주님께 받은 은혜를 노래(시편)하였고, 솔로몬은 주님께 지혜를 받았기에(1열왕 5,10) 이렇게 표현한 것입니다. 이런 관점에서 지혜서 각 권을 다음과 같이 이해하였습니다.

잠　언: 솔로몬이 격언과 교훈을 모아서 지은 것
코헬렛: 솔로몬이 인생 전체를 달관한 작품
아　가: 솔로몬이 부르는 사랑가
지혜서: 솔로몬이 후대 임금들에게 주는 훈계와 지침
집회서: 시라의 아들 예수가 작성한 작품
욥　기: '고통'에 대한 고대 근동인들의 지혜 모음집

3. 지혜서의 특성

"주님의 법은 참되어 어수룩한 이를 슬기롭게 하네"(시편 19,8).

삶에서 우러나오는 깨달음에 근거한 지혜문학은 뚜렷하게 다음 세 가지 관점을 지니고 있습니다.

첫째: 인간 존재의 목적과 의미는 인간의 삶에 있다.
둘째: 무엇이 옳고 그른지에 대한 분별력과, 무엇을 선택할지 결정하는 기준은 우리 일상의 삶 속에 이미 있다.
셋째: 자신의 운명에 대한 최종 책임은 인간에게 있다.

지혜문학이 가장 먼저 시작된 곳은 이집트로 추정됩니다. 그 후 지혜문학은 메소포타미아 문명에서도 생겨나, 서로 영향을 주고받으면서 풍요롭게 꽃을 피웠다고 할 수 있습니다.

최민식, 예루살렘의 연로한 순례자, 1985, 인간 6집.

이스라엘의 지혜문학은 그 백성이 두 문명권을 넘나드는 역사적 사건을 겪는 가운데 자라났습니다. 이스라엘은 이집트에서 노예 생활을 하다가 탈출해서 가나안에 나라를 세웠고, 멸망하여 바빌론으로 유배를 떠났다가 돌아오는 우여곡절을 겪었습니다. 그러면서 그 체험 속에 깃든 삶의 지혜를 진지하게 사색하고, 야훼 신앙 안에서 나름대로 해결책을 모색하는 가운데 내놓은 작품들이 바로 지혜문학서입니다. 결국 이스라엘의 지혜문학은 그들의 역사적 경험과 인근 국가들의 영향 아래 이루어졌으며, 고대 동방의 지혜문학을 토착화한 것으로 볼 수 있습니다.

그래서 이스라엘의 지혜문학은 지혜의 원천을 하느님으로 고백하며, 하느님을 경외하고 하느님의 뜻대로 살아갈 것을 강조합니다.

4. 시서와 지혜서 각 권

"주님의 계명은 맑아서
눈에 빛을 주네"(시편 19,9).

욥기
의인이 겪는
고통의 의미를 묻는
설화적 드라마

시편
150편에 달하는
종교적 시가들로
기도 및 찬양의 노래

잠언
종교적·세속적
지혜 금언과
속담 모음집

코헬렛
인생의 허무와 인간
안에 나타나는
하느님의 지혜에
관한 설명

아가
이스라엘 백성에 대한
하느님의 사랑과
교회에 대한
그리스도의 사랑을
담은 서정시

지혜서
지혜를 추구하라고
권유하며,
우상 숭배를 단죄하고
하느님의 지혜를 찬양

집회서
신성한 도덕률과
죄에 대한 윤리적
책임, 하느님의 징벌
원칙을 주장

욥기

15주간

제1일: 욥 1,1-7,21
(욥 1,21)

제2일: 욥 8,1-14,22
(욥 6,8; 7,7.17)

제3일: 욥 15,1-21,34
(욥 19,25-27)

제4일: 욥 22,1-31,40
(욥 31,35)

제5일: 욥 32,1-37,24
(욥 34,10-11)

제6일: 욥 38,1-42,17
(욥 42,2.5-6)

1. 입문

1) 책의 이름

히브리어 성경 이름

욥기는 중심 인물인 욥(איוב)의 이름을 따서 책의 이름을 지었습니다.

욥은 저자가 독창적으로 만든 이름이 아니라, 기원전 2천 년대 서부 셈족 문화권에서 널리 사용되던 이름입니다. 이 이름의 뜻에 대한 풀이는 여럿인데, 가령 '회개하는 자', '미움받는 자'로 풀이하기도 합니다. 오늘날 욥이라는 이름은 이루 감당할 수 없는 엄청난 고통 중에 몰락할 위험에 처해 있는 인간, 이해할 수 없는 참변 중에 묵묵히 인내하는 인간을 상징하는 말로 사용됩니다.

그리스어 성경 이름

2) 저자 및 저술 연대

저자는 분명하지 않습니다. 아마도 보기 드문 천재 시인이 이 뛰어난 작품을 썼으리라고 보며, 특별히 무죄한 이들이 고통을 당해야 한다는 사실을 민감하게 받아들였던 종교적 영혼의 소유자였을 겁니다. 현재와 같은 형태의 욥기는 기원전 5-3세기경에 최종적으로 엮였다고 봅니다.

3) 저술 목적과 가르침

욥기는 의롭게 살면 복을 받고 악을 저지르면 벌을 받는다는 인과응보의 가르침대로 삶이 펼쳐지지 않는 것을 체험하며, 무죄한 이가 당하는 고통의 의미를 추구합니다. 그리하여 고통이 인간 실존의 문제임을 일깨우고, 이유가 있어서 주님을 섬기는 것이 아니라 주님이시기에 경외하여야 하며, 그분만이 올바르시기에 그분을 좇아 올바르게 살아야 함을 일깨워 줍니다.

4) 구분

욥기는 갖은 고난을 겪으면서도 끝내 하느님을 저버리지 않은 욥이 마침내 복을 받게 되는 이야기입니다. 욥기는 내용에 따라 다음과 같이 나눌 수 있습니다.

서문	본문(운문으로 된 대화): 3,1-42,6			결문
1-2장	3-31장	32-37장	38,1-42,6	42,7-17
산문으로 된 머리말	욥과 세 친구의 대화	엘리후의 충고	주님과 욥의 대화	산문으로 된 맺음말

2. 내용

1) 서문: 신앙의 어두운 밤(1-2장)

천상 회의에서 사탄은 우츠 사람 욥이 하느님께서 돌보아 주셔서 소유가 늘어났기 때문에 경건한 것이라고 그를 헐뜯습니다. 그리하여 욥을 시험해 보라는 하느님의 허락이 내리자, 사탄은 먼저 욥의 열 자녀와 재산을 모두 앗아갑니다. 그래도 욥이 하느님을 비난하지 않자, 사탄은 욥의 온몸에 심한 부스럼이 나게 합니다. 잇달아 재난이 일어나자, 욥의 아내는 욥에게 하느님을 욕하고 죽으라고 내뱉지만, 욥은 아내를 타이르며 현실을 수용합니다. 한편 욥의 재난 소식을 듣고 찾아온 세 친구는 욥을 보고 이레 동안 통곡하며 슬퍼합니다.

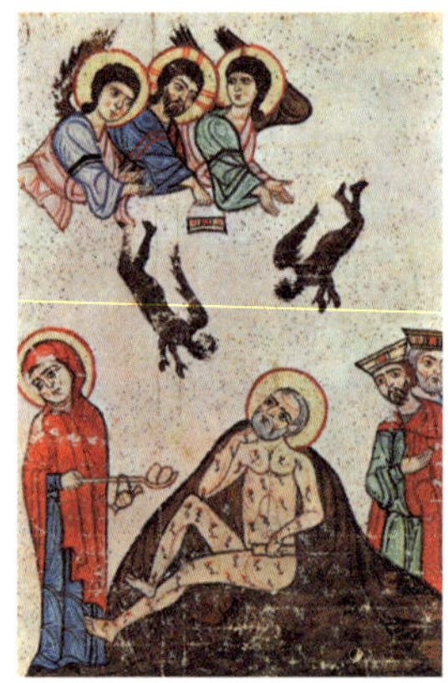

욥의 고난, 12-13세기, 욥기 삽화, 라우렌시오 도서관, 피렌체.

2) 본문: 운문으로 된 대화(3,1-42,6)

① 욥과 세 친구의 세 차례 대화(3-31장)

참담함을 호소하는 욥의 부르짖음을 시작으로 세 친구가 각기 세 번에 걸쳐 담론을 펼칩니다. 이는 철저하게 인과

응보 사상에 바탕을 두고 있습니다.

세 친구의 방문, 14세기, 사본 삽화, 국립도서관, 피렌체.

첫 번째 대화: (3-11장) 욥과 세 친구는 하느님의 선하심과 의로우심에 관해 이야기를 주고받습니다. 친구들은 하느님의 의로우심을 강조하지만, 욥은 자신이 현재 겪는 고난으로 볼 때 그렇지만은 않다고 항변합니다.

욥(3장)	엘리파즈(4-5장)
무죄한 자신이 겪는 재난에 대해서 탄식 자신이 동정받을 권리가 있다고 주장 친구의 충고는 위로가 되지 못하고 또 다른 재난이 됨. 하느님께 호소	전통적인 인과응보(개인 보상 교리) 주장 악한 자를 멸하고, 의로운 자를 구원하심 의인 - 부와 건강, 악인 - 가난과 질병 죄를 인정하고 회개하면 회복 가능
욥(6-7장)	**빌닷(8장)**
욥 자신이 체험한 하느님에 대해 말함 자신의 처지 '호소' 하느님을 고엘(구원자)로 중재 요청	욥을 질책하고 냉소적으로 대함 인과응보(선조들의 지혜 전통) 주장 - 경험과 역사 교훈에 근거 욥이 불행한 원인 - 자녀들의 죄 때문
욥(9-10장)	**초파르(11장)**
인과응보 거부 전통 사상 거부 하느님과 직접 대면하기를 요청 욥의 탄식	인과응보(불쾌감 표시) 주장 전통 사상, 교리 지식에 근거 하느님께서는 죄 있는 자만 단죄하심 욥은 유죄

두 번째 대화: (12-20장) 앞과 같은 순서로 악인의 전형적인 운명에 관해 이야기합니다. 친구들은 욥이 잘못했기 때문에 현재와 같은 벌을 받는 것이라고 계속 몰아세웁니다. 하지만 욥은 자신의 죄로 말미암아 고통받는다는 견해는 받아들일 수 없다고 맞섭니다.

세 번째 대화: (21-27장) 욥은 두 친구와 마지막 대화를 나눈 후 자신의 무고를 선언합니다.

욥의 독백: 욥은 지혜를 찬미하며 주님을 경외함이 곧 지혜라고 고백합니다. 이어 예전에 누리던 행복과 현재 겪는
(28-31장) 불행을 토로하며, 다시금 하느님께 눈을 돌려 진실을 밝혀 달라고 강하게 호소합니다.

② 엘리후의 충고(32-37장)

세 친구의 답변에 만족하지 못한 엘리후가 나서서 욥의 태도가 잘못되었다고 지적합니다. 하느님께서 부당한 고통을 내리고 침묵만 지키신다는 욥의 주장에 엘리후는, 하느님께서는 꿈과 계시 등 여러 방법으로 인간에게 이야기하시지만 인간이 알아듣지 못할 뿐이라고 답변합니다. 또한 하느님께서는 고통을 통해 인간을 교육시키시는 분임을 알고 그 고통을 달게 받으라고 권유합니다. 아울러 하느님께 자신의 물음에 대한 답변을 강요할 수 없다고 지적합니다.

③ 주님과 욥의 대화(38,1-42,6)

이어 욥은 폭풍 속에 나타나셔서 창조 세계의 주재자로 권능을 드러내시는 주님의 말씀을 듣고 나서, 자기의 생각과 주장이 잘못되었음을 고백하며 뉘우칩니다.

욥의 3단계 답변

1. 하느님은 당신의 뜻을 자유롭게 이루신다(하느님의 자유와 권능).
2. 이전에 몰랐던 하느님의 신비와 사람의 한계를 깨닫는다.
3. 주님과 새롭게 만난다.

**"저는 알았습니다. 당신께서는 모든 것을 하실 수 있음을, 당신께는 어떠한 계획도 불가능하지 않음을!
저에게는 너무나 신비로워 알지 못하는 일들을 저는 이해하지도 못한 채 지껄였습니다.
이제는 제 눈이 당신을 뵈었습니다"(42,2.3.5).**

신앙이 성숙되어 가는 욥

욥은 가난하고 외롭고 고통받는 가운데서도 하느님을 나쁘게 말하지 않았을 뿐 아니라, 하느님을 굳게 믿으며 끝까지 의지하였습니다. 사탄이 자신 있게 말한 바와 정반대로 욥의 신앙은 참으로 사심 없는 신앙이었습니다. 이러한

조건 없는 믿음이야말로 하느님에 대한 신뢰의 중요한 특징임을 처음부터 분명히 일러 줍니다.

하느님을 찾음

1. 욥과 친구들 위에 손을 얹을 심판자로(9,33)

2. 욥의 무고에 대한 증인으로(16,18.21)

3. 살아 계신 구원자에 대한 희망으로(19,25.27)

3) 결문: 새로 얻은 삶(42,7-17)

주 하느님께서는 욥의 세 친구가 당신에 대해 욥만큼 솔직하게 이야기하지 않았다고 꾸짖으십니다. 그분은 사실상 욥의 주장을 긍정하십니다. 그리하여 욥을 통해 번제를 드리고 욥에게 중재기도를 청하라고 지시하십니다. 욥이 친구들을 위해 기도하자, 주 하느님께서는 욥의 소유를 전보다 배로 불려서 돌려주십니다. 욥의 형제들과 친지들도 찾아와 욥을 위로합니다. 다시 일곱 아들과 세 딸을 얻게 된 욥은 4대 손을 보면서 수를 다 누립니다.

새로 얻은 삶, 12세기, 판테온 성경 삽화, 바티칸 도서관.

시편

16주간

제1일: 시편 8; 19; 29

제2일: 시편 103; 104; 113

제3일: 시편 22; 51; 89

제4일: 시편 30; 66; 138

제5일: 시편 24; 37; 50

제6일: 시편 68; 112; 119

1. 입문

1) 책의 이름

히브리 성경	칠십인역 성경	우리말 성경
테힐림(힐렐에서 파생) + 세페르(책) 시편: 찬양가, 찬미가 시편집: 찬양가들의 책	프살모이(Ψαλμοὶ): 현악기를 손으로 뜯다 → 현악기로 반주하며 부르는 노래(*psalmoi*)	시편詩篇: ① 개별 시 ② 시편 150편 전체 성영聖詠: 거룩한 노래

2) 시편 언어의 특성

- 단순하면서도 심오하다.
- 인간의 조건, 의인과 악인의 운명, 하느님의 구원에 대해 숙고한다.
- 계약의 백성이 체험을 통해서 얻은 지혜를 노래한다.
- 탄원과 찬미, 비관과 희망, 저주와 화해, 미움과 사랑, 슬픔과 기쁨 등을 표현한다.

수금을 타며 찬미하는 다윗 임금, 9세기, 로타르 임금 기도서 삽화, 영국 도서관.

3) 형성 배경

하느님의 구원 업적을 찬미하는 전통 신심과 얼이 담겨 있는 시편은, 성전과 전례를 중심으로 율법과 자연을 묵상하는 가운데 형성되었습니다.

성전을 통해서	이스라엘의 종교 생활은 전례의 심장부인 성전을 중심으로 이루어졌습니다. 성전은 전례 공동체가 하느님의 현존을 체험하는 자리이며, 이러한 체험을 시로 표현하여 감사와 찬양과 흠숭을 드립니다. 1. 성전 뜰에서 부른 노래(20; 26-27; 48; 65-66; 81; 95-96편) 2. 성전 순례 때 부른 노래(84; 118-132편)
전례를 통해서	신앙은 생활 전체에 두루 미치므로, 삶의 원천이신 하느님을 기리는 전례 모임에서 시편을 노래합니다. 1. 성전 봉헌 축일에 부른 노래(30편) 2. 초막절에 부른 노래(29편)
율법을 통해서	하느님 말씀인 율법을 기쁘게 받아들여서 깊이 묵상하고, 끊임없이 되새기고 음미하면서 주님의 가르침을 찬양합니다(1편 등).
자연을 통해서	대자연 속에서 창조주 하느님을 찾고 그분의 전능하심을 찬양하는 노래로 자연의 질서와 조화를 기립니다(8; 19; 104편 등).

4) 분류

시편은 길이, 형식, 내용이 서로 다른 150편의 시를 수록하고 있습니다. 이스라엘 종교 생활의 핵심인 오경과 같이 다섯 권으로 분류되어 있고, 각 부분은 찬양으로 끝납니다.

각 권의 끝부분은 찬양절

제1권	제2권	제3권	제4권	제5권
1-41편(41,14)	42-72편(72,18-19)	73-89편(89,53)	90-106편(106,48)	107-150편(150편 전체)

* 구약의 모든 악기(뿔 나팔, 비파, 수금, 십현금, 피리, 자바라)를 사용한다.

* 독립된 작은 시편 모음집을 편집자들이 수집하고 편찬하였다.

저자에 따른 분류

3-41; 86; 101; 103; 109; 110; 138-145편	42-49편	51-72; 108편	50; 73-83편	
다윗의 노래(야훼 시편)	코라 자손들의 노래	다윗의 시(하느님 시편)	아삽의 노래	
84-85; 87-88편	93-99편	120-134편	104-106; 111-118; 135-136; 146-150편	기타
코라 자손들의 노래	하느님의 통치 시편	순례의 노래	할렐 감사 시편	1-2; 에탄(89); 모세(90-91); 100; 102; 107; 119; 137편

2. 시편의 유형

시편은 아래와 같이 큰 틀로 분류할 수 있습니다(개인-나, 공동-우리). 그 밖에 소속시킬 수 없는 시편이 있습니다.

탄원 시편

ㄱ. 개인: 13; 51; 63; 86; 109…

ㄴ. 공동체: 12; 44; 58; 79; 90…

감사 시편

ㄱ. 개인: 18; 30; 32; 34; 41…

ㄴ. 공동체: 67; 124; 125; 136…

찬양 시편

ㄱ. 창조: 8; 19; 29; 103; 104…

ㄴ. 하느님의 통치: 47; 93; 96…

ㄷ. 시온: 15; 24; 46; 48; 76…

기타 유형

신뢰(23; 131), 임금(45; 72)

지혜, 교훈(1; 19; 119)

율법(37; 49; 73), 전례(20; 65; 66)

순례(84; 118-132)

암사슴이 물을 찾다, 15세기, 《세계의 일곱 시대》 삽화, 왕립도서관, 브뤼셀.

1) 탄원 시편

도입: 하느님을 부르며 도움을 간청한다.
하느님의 이름 - 권능, 선善
간청 - 기도자의 참상을 덧붙이기도 한다.

전개: 기도자의 과거나 현재 고통(병, 불의, 박해, 하느님의 냉대, 죄 서술)을 밝힌다.
'왜? 언제까지?'의 질문이 나타난다. 하느님께 도움을 간청하고,
원수를 저주하며, 자신의 무죄를 호소하고, 죄를 고백하며 용서를 간구한다.

종결: 간청을 들어주시리라는 믿음으로 감사 제사와 예배를 약속한다.

예) 시편 13편의 구조

도입: 1-2절 하느님께 부르짖는 호소
전개: 3-4절 자기의 어려움을 탄원
5절 신뢰의 고백, 간청
종결: 6절 하느님을 찬미

하느님 저를 구하소서, 11세기, 슈투트가르트 시편집 삽화, 뷔르템베르크 주립도서관.

**"주님, 언제까지 마냥 저를 잊고 계시렵니까? … 살펴보소서, 저에게 대답하소서, 주 저의 하느님.
… 저는 당신 자애에 의지하며 제 마음 당신의 구원으로 기뻐 뛰리이다.
제게 은혜를 베푸셨기에 주님께 노래하오리다"(13,2.4.6).**

나를 지켜 주시는 주님, 14세기, 시립박물관, 파도바.

2) 감사 시편

도입: 감사의 대상인 하느님께 말을 걸거나,
기도자의 기도에 합류하도록 초대받은 공동체에 호소한다.

전개: ① 설화 양식
② 시인이 겪은 위기를 상기한다(원수들의 공격과 박해를 자세히 밝힘).
③ 마지막 부분 - 하느님의 구원을 진술하고, 권능을 선포하며, 그분의 승리를 구가한 뒤, 찬양시 양식으로 마친다.

종결: 미래를 향해 시선을 돌린다.
지속적 신뢰심, 주님께 영원토록 영광을 드리겠다는 약속, 공동체의 항구한 감사 기도를 드린다.

3) 찬양 시편

도입: 주님을 찬양할 것을 권유(초대)한다.
복수 명령형으로 시작하여
찬양할 사람이 누구인지(주님을 찬양하라! 만백성이여) 말한다.

온갖 악기로 하느님을 찬양, 11세기, 바르베리니 시편집 삽화, 바티칸 도서관.

전개: 찬양의 이유를 서술(고백)한다.
찬미의 동기를 나열한다('~때문에').
하느님의 속성을 선포하거나 묘사한다.
하느님의 위대한 업적을 서술한다.
시적 설화에서 이스라엘의 역사적 사건을 회상한다.

종결: 찬미하라.
도입부 양식에 개인적이고 심화된 사상을 덧붙인 짧은 축복문, 서원, 하나의 기도문 형식을 취한다.
전개부의 내용에 "너희는 주님을 찬양하라", "영원토록" 하고 백성이 응답하는 환호성으로 끝난다.

4) 신뢰 시편

하느님을 찬양하다, 14세기, 성경 삽화,
성 로렌조 수도원 도서관.

신뢰가 부각되는 시편 유형(11; 16; 23; 27,1-6; 131편)

도입: 간청부터 신뢰가 나타난다.
전개: 구원자 하느님을 찬양하고,
신뢰의 동기를 설명하며,
신뢰의 기쁨과 평화, 하느님과 함께 있고자 하는 원의를 밝힌다.
종결: 신뢰를 반복한다.

3. 시편과 기도

시편으로 기도할 때 필요한 우리의 태도

첫째: 하느님 앞에서 살아간 시인의 정감을 실제로 느껴 보려는 자세
둘째: 시편 구절에서 그리스도와 교회의 목소리를 들으려는 자세
셋째: 오늘 여기에서 살아가는 나를 위한 것으로 받아들이는 자세

이렇게 될 때 시편 기도는 안팎으로 전망이 확대됩니다. 시편은 주 하느님께 드리는 찬미에 모든 이를 초대합니다. 이 초대에 응하기 위해 우리는,

① 다윗과 같은(2사무 7,18) 겸손한 마음으로 하느님 앞에 나아가 그분과 대화해야 합니다.
② 진리 자체이며 성실하신 야훼 하느님께 신뢰와 희망을 두어야 합니다.
③ 우리의 보잘것없음을 인정하면서도, 창조주 하느님께서 우리를 받아 주고 사랑하고 계심을 믿는 순박하고 가난한 마음을 지녀야 합니다.

세 가지 관점으로 요약하면,

형성 단계의 공동체성	시편 저자 자신이 공동체의 일원으로 기도를 드렸기에 시편은 공동체와 더불어 생성되었고, 공동체 안에서 불렸으며 공동체를 위하여 바쳐졌습니다.
역사적(종적) 공동체성	시편은 역사적으로 항상 공동체의 기도였기에, 우리가 시편으로 기도할 때는 신앙의 선조들과 함께 기도하고 예수 그리스도와 함께 기도하는 것입니다.
현재의(횡적) 공동체성	시편은 대부분 이웃과 온 우주 만물이 다 함께 주님을 찬양하자고 초대하는 내용입니다. 그래서 시편은 온 인류의 고통과 기쁨에 동참하고 그들과 함께 드리는 기도입니다.

"주님을 신뢰하는 이들은 시온산 같아 흔들리지 아니하고 영원히 서 있으리라"(125,1).

잠언

17주간

제1일: 잠언 1,1-9,18
(잠언 3,6)

제2일: 잠언 10,1-15,33
(잠언 15,33)

제3일: 잠언 16,1-22,16
(잠언 16,3.9)

제4일: 잠언 22,17-28,28
(잠언 22,17)

제5일: 잠언 29,1-코헬 5,19
(코헬 3,1-2)

1. 입문

1) 책의 이름

히브리 성경	그리스어 성경	우리말 성경
미쉴레이(מִשְׁלֵי): 잠언, 격언, 속담, 금언을 의미하는 마샬(משׁל)의 남성, 복수, 축약형으로 잠언 1,1에 솔로몬의 이름과 함께 나타나 있다. - 미쉴레이 셜로모 (מִשְׁלֵי שְׁלֹמֹה)	파로이미아이(παροιμίαι): 잠언, 격언이라는 뜻의 '파로이미아(παροιμία)'의 복수형이다.	중국어 성경에 따라 잠언箴言: 가르쳐 경계하는 말씀 (箴: 경계할 잠, 찌를 잠)

솔로몬, 15세기, 장 피콜르의 기도서 삽화.

2) 저자

이스라엘의 지혜문학은 솔로몬과 그의 궁전에서 본격적으로 시작되었습니다. 솔로몬은 통치자의 자질뿐 아니라 문학적 재능도 지녀 수많은 금언을 지었다고 전해집니다(1열왕 5,10.12). 그러나 잠언에는 솔로몬 외에도 여러 저자가 등장합니다. 그래서 잠언은 특정 작가에 의해 쓰인 것이 아니라 여러 시대에 걸쳐 여러 저자에 의해 쓰인 본문들을 한데 묶어 놓은 것으로 볼 수 있습니다. 다만 솔로몬을 대표적 인물로 보아 저자로 간주해 왔습니다.

3) 저술 연대

잠언에 나오는 금언들은 대부분 이스라엘이나 고대 동방 국가들에서 오랜 역사와 생활 체험을 바탕으로 서서히 이루어진 생활의 지혜입니다. 따라서 그 형성 시기나 수집 연대를 정확히 밝히기는 어렵습니다. 다만 수집된 시기를 크게 셋으로 나누어 추정해 볼 수 있습니다. 이렇게 모아진 잠언은 우리가 일생 동안 추구하며 얻을 수 있는 지혜보다 더 많은 지혜를 우리에게 가르쳐 줍니다.

기원전 7세기경	바빌론 유배 이후	기원전 5-4세기경
유다 임금 히즈키야 시대에 전통적인 속담(10,1-22,16)이 우선 모아지고, 새로운 격언들(25-29장)이 형성되었다고 본다.	현자들이 솔로몬에게서 유래하였다고 본 잠언(10-29장)을 체계 있게 구성했을 것으로 추정한다.	최종 편집자가 모음집에 대한 머리말로 1-9장을 앞에 놓고 30-31장을 추가하여, 잠언을 완성하였다고 본다.

4) 문학 유형

지혜문학은 세계 문명의 발상지인 메소포타미아와 이집트, 그리고 이 둘을 잇는 비옥한 반달 지대에서 오래 전부터 발달되었던 문학 유형입니다. 지혜문학에 속하는 잠언은 지혜의 가르침을 짧은 문장에 담아서 실생활에 교훈을 줍니다. 잠언은 간결한 두 줄의 단문으로, 경험한 내용을 힘 있게 표현하며, 격언마다 히브리 시의 특징인 대구법對句法을 사용하고 있습니다. 대구법에는 다음과 같은 세 가지 형태가 있습니다.

1. 동의적 대구법	2. 반의적 대구법	3. 점진적 대구법
같은 사람, 동일한 사물이나 과정을 동의어로 두 번 반복해서 묘사한다. 예) "빈정꾼들에게는 형벌이, 우둔한 자들의 등에는 매가 마련되어 있다"(19,29).	같은 주제를 다루되 서로 반대되는 어구를 나란히 놓아 주제를 반복하여 강조한다. 예) "게으른 손바닥은 가난을 지어 내고, 부지런한 이의 손은 부를 가져온다"(10,4).	어느 한 쪽을 예리하게 강조하거나 종합하여 전체의 뜻을 완성한다. 예) "정의로 가진 적은 것이 불의로 얻은 많은 소득보다 낫다"(16,8).

5) 구성

대략 375가지 격언으로 형성된 잠언은, 크게 아홉 개의 수집물로 구성되어 있습니다.

말을 조심하라, 11세기, 바르베리니 시편집 삽화, 바티칸 도서관.

1-9장	10,1-22,16	22,17-24,22
서언과 지혜시 현자(아버지)가 학생(아들)에게 일러 주는 바람직한 생활에 대한 가르침	**솔로몬의 첫째 잠언집** 주님께 기준을 둔 윤리 생활에 대한 짤막한 격언들	**현인들의 첫째 잠언집** 사회 생활과 이웃 관계에서 실천해야 할 정의, 예의, 절제 등을 가르침
24,23-34	**25-29장**	**30,1-14**
현인들의 둘째 잠언집 재판할 때 공정하게 할 것과 부지런히 살아갈 것을 가르침	**솔로몬의 둘째 잠언집** 창조물과 동물의 세계, 가난한 자들과 임금의 행위에 대한 가르침	**아구르의 잠언** 정직성과 꼭 필요한 것으로 만족할 줄 아는 슬기를 청할 것을 가르침
30,15-33	**31,1-9**	**31,10-31**
수 잠언 숫자를 이용해서 지혜와 어리석음을 풍자함	**르무엘의 잠언** 임금의 어머니가 그의 아들에게 준 교훈들	**훌륭한 아내에 대한 찬양시** 아내와 가정주부, 어머니라는 세 가지 관점에서 여인을 봄

2. 내용

잠언은 하느님과의 관계에서 한 개인으로서, 가정과 사회의 한 일원으로서 사람이 지켜야 할 덕목을 나열하면서 올바른 관계가 무엇인지를 가르쳐 줍니다. 잠언의 내용은 주제에 따라 네 가지로 살펴볼 수 있습니다.

성경에서 지혜를 찾는 성 예로니모,
15세기 초, 국립도서관, 파리.

1) 하느님에 대한 올바른 태도

- 주님을 경외하는 것이 지혜의 시작이다.
- 주님에 대한 경외는 하느님을 신뢰하는 데에서 시작된다.
- 하느님을 신뢰하기에 올바르게 행동하고 그분의 모든 말씀에 순종한다.

2) 가정 생활에 대한 교훈

- 남편과 아내: 서로 신뢰하고 충실하라고 강조한다.
- 자녀 교육: 가정은 지혜를 가르치는 가장 중요한 못자리이다.
- 부모 공경(효도): 부모님의 연세가 들수록 더욱 보살펴 드리고 바르게 살아 부모님을 기쁘게 해 드리는 것이 효도다.

안드레아 디 보나유토, 나눔,
14세기, 산타 마리아 성당, 피렌체.

3) 사회 생활에 대한 교훈

- 재산(재물의 사용): 재산은 하느님께서 주시는 것이기에 그분 뜻에 맞게 선하게 사용해야 하며, 정당하게 얻은 재산을 가난한 이와 나눌 수 있어야 한다.
- 말(언어 생활): 지혜는 사람을 사랑하는 영이고, 지혜로운 말은 이웃에 대한 진실된 사랑과 배려가 담긴 말이다.
- 원수에 대한 사랑: 악을 악으로 갚지 말고 원수에게도 사랑을 베푸는 것이 지혜이다.
- 음주에 대한 경고: 과음은 남에게 해를 끼치는 일이다.

4) 의인의 길(지혜의 길)

- 지혜로운 자는 현인들의 가르침을 받아들여 옳고 그름을 분별하며 떳떳하게 살아간다.

조반니 디 파올로, 아버지가 아들에게 지혜를 전하다, 15세기,
시에나 미술관.

- 오만을 버리고 주님을 경외하며 의인의 길을 가라고 가르친다.

잠언은 지혜의 교과서요
한층 바람직한 생활로
우리를 이끄는 지침서입니다.
모든 공동체는 나름대로 전통적 지혜를
속담 형식에 담아 전했습니다.
그러나 이스라엘 지혜 전승의 가장 큰 특징은
이를 하느님과 관련하여 고찰하는 것입니다.
하느님에게서 오는 지혜는
인간에게 한없는 기쁨과 사랑의 용기를 줍니다.
모든 관계에 올바른 지평을 열어 주고
지고의 행복에 이르게 합니다.

"주님을 경외하여 섬기는 것",
이것이 바로 잠언이 가르치는 지혜입니다
(잠언 9,10; 욥 28,28; 시편 111,10; 집회 1,14 참조).

코헬렛

17주간

제5일: 잠언 29,1-코헬 5,19
(코헬 3,1-2)

제6일: 코헬 6,1-12,14
(코헬 12,13-14)

1. 입문

1) 책의 이름

히브리 성경	칠십인역 성경	우리말 성경
코헬렛(קֹהֶלֶת): '회중' 또는 '집합시키다'의 의미를 가진 '카할(קהל)'이란 어원에서 나왔으며, 확실치 않으나 흔히 공동체에서 가르치는 직책이나 직능을 가리킨다고 봅니다.	엑클레시아스테스 (Ἐκκλησιαστης: 연사): 히브리어 코헬렛을 그리스어로 옮긴 것으로, '회중, 집회의 구성원'을 가리킵니다	《공동번역 성서》에서는 "인생의 길(道, 슬기)을 가르치는"(12,9) 책을 의미하는 중국어 성경의 '전도서'라는 제목을 그대로 썼습니다. 그러나 《성경》에서는 히브리 성경에 따라 '코헬렛'으로 이름 지었습니다.

2) 저자

전통적으로 이 책의 저자를 솔로몬이라 생각해 왔는데, 이는 첫머리에 "다윗의 아들", "예루살렘의 임금"(1,1)이라는 말이 나오기 때문입니다. 그러나 역사상 실존 인물인 솔로몬 임금을 저자라고 말할 수는 없습니다. 다만 익명의 저자가 솔로몬의 권위를 빌려 지혜의 가르침을 전개하고 있을 따름입니다.

솔로몬, 12세기, 페트루스 롬바르두스의 시편집 삽화, 성 즈느비에브 도서관, 파리.

이 책에서 일곱 번(1,1.2.12; 7,27; 12,8-10 참조)씩이나 자신을 '코헬렛'이라고 밝히는 저자가 누구인지는 정확히 밝혀 낼 수 없습니다. 다만 저자가 성전 학교에서 지혜를 배운 사제나, 고등교육을 받은 매우 강한 성격의 귀족이나, 평민 출신의 연설가가 아닐까 추측합니다. 현재 우리에게 전해진 성경 코헬렛은 그의 제자 가운데 한 사람이나 여럿이 편집했을 가능성이 대단히 높습니다.

3) 저술 연대

유배 이후부터 마카베오 시대 이전인 기원전 300-200년에 예루살렘에서 편집되었을 것으로 보입니다. 코헬렛에서 사용된 언어나 내용이 그 시대를 반영하고, 쿰란(제4동굴)에서도 기원전 2세기 중엽에 필사된 코헬렛의 몇 구절이 발견되었기 때문입니다.

4) 문학적 특성

- 운문으로 되어 있는 '잠언 양식'이 기본을 이룹니다.
- 스승이 제자들에게 하는 말투인 '너'라는 호칭을 자주 씁니다.
- 자신의 직접 또는 가상 경험을 독백 형식으로 말합니다.
- 대구법을 비롯한 히브리 시詩의 특성이 뚜렷합니다(12,1-7).

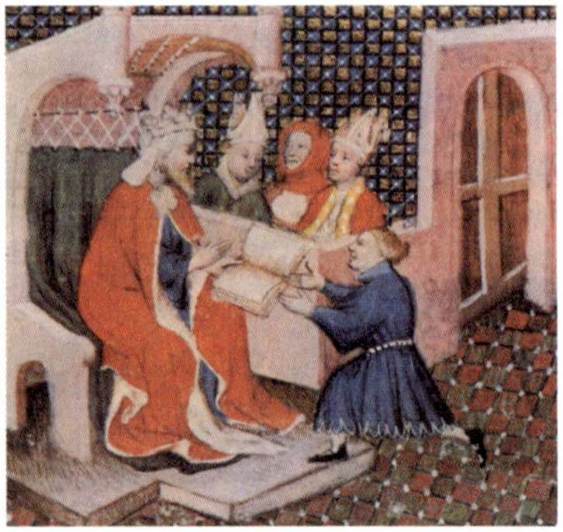

지혜를 찾다, 15세기, 《역사적 성경》 삽화, 국립도서관, 파리.

2. 구분과 내용

머리말 1,1-11	본문 1,12-12,8			맺음말 12,9-14
끝없이 순환하는 세상에서 모든 것이 허무라고 지적	1,12-2,26 자기 반성과 인간의 한계를 말함	3,1-6,12 인간의 한계를 하느님의 선물로 받아들임	7,1-12,8 일곱 가지 생각	하느님에 대한 경외가 인간의 본분임을 강조

1) 본문의 첫째 부분(1,12-2,26)

저자는 인생의 문제를 해결하려고 여러모로 애써 보았지만(큰 공사를 벌여 위업을 이룸, 지혜를 깨치려고 함, 행복을 누림) 헛되게 끝날 뿐이었다고 이야기합니다. 그러나 "자기의 노고로 먹고 마시며 스스로 행복을 느끼는 것보다 인간에게 더 좋은 것은 없다"(2,24)는 말씀으로 시작하여, 인생살이에서 모든 것이 하느님에게서 오는 것임을 보면서 긍정적 주제로 옮겨 갑니다. 코헬렛은 인생의 어두운 면과 아름다운 면을 동시에 바라보면서 '헛되다'와 '즐겨라'를 번갈아 외칩니다. 그러면서 삶에는 불공평과 부패가 있고 모든 인간이 죽는다 해도 공의하신 하느님께서는 심판의 때를 정해 두셨으며, 하느님을 떠나서는 참 기쁨이나 참 만족이 있을 수 없다고 결론짓습니다.

2) 본문의 둘째 부분(3,1-6,12)

인간은 예정된 자기의 삶의 형태를 바꾸거나, 하느님의 일을 깨달을 수 없으며, 모든 것은 정한 때에 일어나기 마련이라고 하면서, "그분께서는 모든 것을 제때에 아름답도록 만드셨다"(3,11)고 결론짓습니다. 인간이 추구하는 권력과 재물, 장수 등이 헛되다고 이야기하며, 하느님을 경외하여 그분의 말씀을 들으라고 권고합니다. 인간의 온갖 현실이 부정적인 면과 한계를 지니고 있기에, 결국 이 모든 것을 하느님의 선물로 받아들일 수밖에 없다고 일러 줍니다. "인간에게는 살아 있는 동안 즐기며 행복을 마련하는 것밖에는 좋은 것이 없음을"(3,12) 깨달은 저자는, 고생하여 얻은 재산을 즐기지 못하는 것이 인간의 탐욕과 어리석음 때문이라고 여러 번 반복하여 강조합니다.

3) 본문의 셋째 부분(7,1-12,8)

지혜와 정의의 관계, 사회의 무질서, 권력의 행사, 운명의 비밀, 불확실한 인생사, 전통적 지혜의 한계 등을 다룹니다. 부와 지식, 사랑, 명성, 권세 등 모든 것에서 완전한 행복을 찾지 못한 코헬렛은 인간의 모든 체험을 하나로 묶으면서 인간의 숨은 영역을 뛰어넘습니다. 인간의 마음은 이 세상이 제공하는 온갖 것보다 더 커서 세상 것에 대해 공허를 느낍니다. 모든 것이 죽음으로 끝나고, 인간에게는 아무런 해결 능력이 없다는 데에 허무의 근원이 있습니다. 그러나 인간이 지혜의 한계에 도달할 때, 비로소 하느님 안에서만 흡족한 답을 얻을 수 있다고 알려 줍니다.

하느님께서 주신 모든 것, 태양과 자연, 젊음을 즐기라고 하면서 노령과 죽음이 오기 전, 젊었을 때에 창조주 하느님을 기억하라고 이릅니다.

씨를 뿌려라, 15세기, 《로한의 발견》 삽화, 국립도서관, 파리.

3. 가르침

코헬렛은 인간의 관계를 세 가지로 구별하여 훈계합니다.

현실과의 관계: 부지런히 씨를 뿌려라(11,1-6).
자신과의 관계: 하느님 안에서 기뻐하라(11,7-10).
하느님과의 관계: 너의 창조주를 기억하라(12,1-7).

코헬렛은 사람이 비록 온 세상을 얻고 온갖 부귀를 누리며 갖가지 소망을 채울 수 있다 해도 참된 만족이 없으리라고 말합니다. 이처럼 모든 것이 유한하고 헛되기만 한 이 세상에서 절대로 헛되지 않으신 분, 유일하신 창조주 하느님을 경외할 줄 아는 것이 가장 중요하다고 일깨워 줍니다.

구약성경의 다른 모든 책과 같이 코헬렛을 최종적으로 이해할 수 있는 열쇠는 예수 그리스도 안에 있습니다. 하늘 아래 모든 어둠은 빛이신 그리스도 안에서 비로소 완전히 밝혀지며, "길이요 진리요 생명"(요한 14,6)이신 분을 통해서만 허무한 인생이 의미를 지니게 됩니다.

"인간의 지혜는 그 얼굴을 빛나게 하고 굳은 얼굴을 변화시킨다"(8,1)는 말씀대로, 헛된 세상일로 어두워진 마음과 얼굴을 펴고 집착에서 벗어나 영원하신 하느님을 믿는 신앙의 은총을 청해야 합니다.

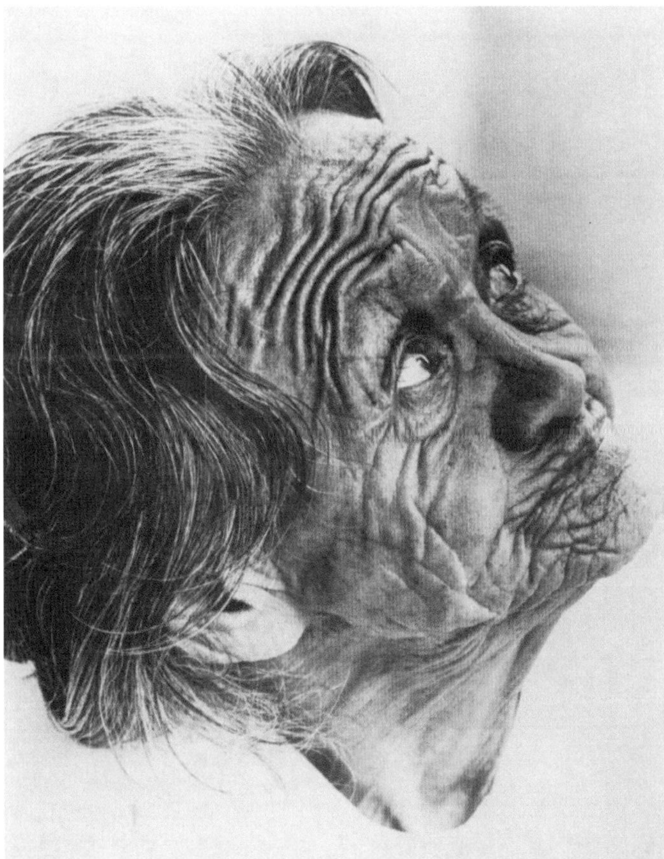

"젊음의 날에
너의 창조주를 기억하여라, …
해와 빛, 달과 별들이 어두워지고
비 온 뒤 구름이 다시 몰려오기 전에
그분을 기억하여라.
은사슬이 끊어지고
금 그릇이 깨어지며
샘에서 물동이가 부서지고
우물에서 도르래가 깨어지기 전에
너의 창조주를 기억하여라.
먼지는 전에 있던 흙으로 되돌아가고
목숨은 그것을 주신 하느님께로
되돌아간다"(12,1-2.6-7).

최민식, 1985, 인간 6집.

아가

18주간

제1일: 아가 1,1-지혜 6,25
(아가 2,16; 3,4)

1. 입문

1) 책의 이름

히브리 성경	칠십인역 성경	우리말 성경
쉬르 하쉬림(שִׁיר הַשִּׁירִים)은 '노래 중의 노래'라는 뜻	아스마 아스마톤	아가
최상급 표현: "솔로몬의 가장 아름다운 노래"(1,1)	Ἀσμα ασματων	고상한 노래 모음집
솔로몬이 지은 천다섯 편(1열왕 5,12)에서 정선한 노래	'노래 중의 노래'라는 뜻	아담한 노래

2) 저자

책 첫머리에 "솔로몬의 가장 아름다운 노래"라고 밝히고 있으나, 누가 아가를 집필했는지는 정확히 알 수 없습니다. 고대 유다에서는 저자가 자기 이름을 밝히지 않고 작품의 내용과 분위기에 가장 어울리는 사람의 이름으로 책을 소개하였기 때문입니다.

3) 저술 연대

서로 다른 시기에 쓰인 노래들이 언제 모아졌는지 정확히 알 수 없습니다. 내용상으로 볼 때 유배에서 돌아와 에즈라와 느헤미야의 개혁이 이루어진 후, 기원전 4세기 초반에 묶인 것으로 봅니다.

4) 문학 유형

아가는 사랑의 노래입니다. 누가 누구와 나눈 사랑의 노래인지는 불분명하지만 그 사랑의 관계를 다음 세 가지로 볼 수 있습니다

1. 남자와 여자의 사랑
2. 신들의 사랑: 담무즈(男神) + 이쉬타르(女神)
3. 하느님(남자)과 이스라엘(여자)의 사랑

부활하신 주님과 마리아 막달레나, 14세기, 《수난》 삽화, 프라하대학교 도서관.

아가의 네 가지 해석 방법

① 우유적寓喩的 해석

우유적 해석이란 아가의 내용을 알레고리(allegory=겉으로 드러내지 않고 속에 품은 뜻으로 나타내는 설명법)로 풀이하는 방식을 말합니다. 이 해석은 아가에 나오는 남녀 간의 관능적 표현을 역사에서 일어난 구체적 사건과 연결하거나, 하느님과의 관계를 드러내는 신비로운 표상으로 이해합니다.

② 제의적祭儀的-신화적神話的 해석

이 해석은 아가가 나온 배경을 수메르-아카드의 종교 신화에서 찾습니다. 이 신화는 겨울과 봄을 담무즈 신의 죽음과 소생으로 풀이합니다. 여기서 담무즈 신의 애인인 이쉬타르 여신은 온갖 난관을 거쳐서 마침내 저승에 가 있는 담무즈를 불러내어 소생시킵니다. 그렇게 하여 모든 만물의 생명이 싹트는 봄이 시작된다는 신화를 다소 수정하여 이스라엘의 새해 축제 때 제의적 혼인 예식으로 도입하였다고 봅니다.

③ 극적劇的 해석

아가를 일종의 연애극으로 풀이합니다. 주인공격인 솔로몬 임금과 아름다운 시골 처녀인 술람밋(7,1) 그리고 그 처녀의 연인인 젊은 목자를 비롯한 여러 인물이 등장하여 사랑의 관계를 이루려고 노래를 주고받는 일종의 연극으로 보는 것입니다. 오로지 남자 애인에게 끝까지 충실하려는 여인의 올곧은 사랑을 돋보이게 하기 위해서 극적 구성을 취한 것으로 이해합니다.

④ 자의적字意的 해석

아가에 표현된 글자 그대로의 뜻을 중시하는 해석입니다. 이 해석에 따르면 아가서는 남녀의 뜨거운 사랑을 노래한 연애시입니다.

이렇게 아가는 어느 관점에서 접근하느냐에 따라 그 해석이 다양하며, 네 가지 해석 방식 중 어느 한 가지만 옳다고 단정할 수 없습니다. 이 넷을 아울러서 보는 균형 잡힌 시각이 필요합니다.

2. 구분과 내용

1) 구분

1,1-4	서곡: 제목과 주제
1,5-2,7	첫 번째 시: 연인의 대화
2,8-17	두 번째 시: 여인의 회상
3,1-5,1	세 번째 시: 혼례 행렬과 연인 찬가
5,2-6,3	네 번째 시: 가 버린 연인을 찾는 여인
6,4-8,4	다섯 번째 시: 연인의 대화
8,5-14	마지막 시: 사랑의 인장

2) 내용

① 사랑은 사랑을 부릅니다(1,2-2,7)

사랑은 사랑을 불러서 하나가 되려는 성향을 띱니다. 하느님께서 인간을 남성과 여성으로 창조하여 서로 어울려 한

베노초 고촐리, 사랑하는 임을 찾아, 15세기,
메디치 리카르디 경당, 피렌체.

몸이 되려는 본능을 심어 주셨기 때문입니다(창세 2,24 참조). 남녀가 서로 이끌릴 때, 사랑하는 남녀가 함께 있는 곳에서는 사랑의 아름다운 기운이 흘러나와 주변으로 퍼져 갑니다.

② 그대 있기에 우리는 기쁘고 즐거워(2,8-6,12)

연인 사이에는 아무것도 필요 없습니다. 오직 사랑하는 연인이 옆에 있다는 사실만으로 기쁨에 넘칩니다. "그대는 닫힌 정원, 나의 누이 나의 신부여 그대는 닫힌 정원, 봉해진 우물"(4,12). 여기서 '정원'은 여인을 가리키는 비유이기도 하지만, 글자 그대로는 낙원입니다. 정원을 둘러싸고 화답하는 사랑가는 에덴 동산에서 쫓겨나기 전 인간과 하느님 사이에 무르익었던 사랑의 상태를 나타내기도 합니다.

③ 몸의 아름다움, 성의 아름다움(7,1-8,4)

연인은 상대방의 아름다움을 숨김없이 노래합니다. 이스라엘 사람들에게 성은 따뜻한 인간관계의 표현이자, 사랑하는 사람들에게 즐거움과 기쁨을 약속해 주는 것이었습니다. 그들은 몸의 아름다움, 성의 아름다움을 바탕으로 사랑의 힘이 얼마나 큰지를 말합니다.

④ 사랑은 죽음처럼 강한 것(8,5-14)

사랑하는 이와 사별할 때는 세상이 무너지는 아픔을 느끼며 절망합니다. 죽음 앞에서 도저히 어쩔 수 없는 한계를 느끼기 때문입니다. 그런데 아가에서 노래하는 사랑은 죽음만큼이나 강한 사랑입니다. 히브리어에서 '~처럼'이라는 단어는 '~보다'라는 비교격으로도 즐겨 쓰입니다. 따라서 이 구절은 사랑은 죽음보다 강하다는 사실을 나타내 보입니다. 진정한 사랑이야말로 죽음의 공포를 넘어 죽음을 이길 수 있는 힘입니다.

"사랑은 죽음처럼 강하고 정열은 저승처럼 억센 것.
그 열기는 불의 열기, 더할 나위 없이 격렬한 불길이랍니다.
큰 물도 사랑을 끌 수 없고 강물도 휩쓸어 가지 못한답니다.
누가 사랑을 사려고 제집의 온 재산을 내놓는다 해도
사람들이 그를 경멸할 뿐이랍니다"(8,6-7).

3. 가르침

베노초 고촐리, 나의 연인이여 서둘러 오세요, 15세기, 메디치 리카르디 경당, 피렌체.

사랑의 노래인 아가는 사랑이 얼마나 소중하고 귀한지 새삼 일깨워 줍니다. 사랑에 빠지면 세상 모든 것이 아름답게 보입니다. 사랑은 죽음마저 넘어설 수 있는 놀라운 힘을 지니고 있습니다. 아가는 바로 그런 힘이 하느님의 사랑에 있고, 또 그분에 대한 사랑에도 그대로 이어져야 함을 확인시켜 줍니다. '하느님'이라는 말은 한 번도 나오지 않지만, 이스라엘과 하느님의 사랑에는 마치 연인의 사랑처럼 말뿐 아니라 행동이 뒤따라야 한다고 일러 줍니다.

지혜서

18주간

제1일: 아가 1,1-지혜 6,25
(아가 2,16; 3,4)

제2일: 지혜 7,1-19,22
(지혜 11,23.26)

1. 입문

1) 책의 이름

칠십인역 성경(그리스어)	소피아 살로모노스(Σοφια Σαλωμωνος)	솔로몬의 지혜
불가타 성경(라틴어)	리베르 사피엔시애(Liber Sapientiae)	지혜서

2) 저자

지혜는 한량없는 보물, 13세기 말, 성경 삽화, 성 로렌조 수도원 도서관.

이집트 알렉산드리아 출신의 한 현인이 구약성경과 이스라엘 전통에서 가장 위대한 현인으로 꼽히는 솔로몬의 이름을 빌려 저술하였습니다. 이처럼 무명작가가 자신이 쓴 작품에 가장 적합한 인물을 저자로 내세우는 것은, 당시 흔히 사용했던 문학적 장치입니다.

솔로몬을 지혜서의 저자로 삼은 이유

1. 제왕들의 처신에 높은 관심을 보임(지혜 1,1)
2. 솔로몬이 뛰어난 지혜를 지닌 임금으로 알려짐 (1열왕 5,9)
3. 솔로몬을 연상케 하는 자서전식 기록(지혜 8,9)

3) 저술 연대와 언어

지혜서는 기원전 100년에서 기원후 50년 사이, 좀 더 구체적으로는 기원전 1세기의 후반기에 그리스어로 쓰였으리라 추정하며, 집필 시기가 구약 시대와 신약 시대의 분기점에 위치한 까닭에 두 시대를 연결해 주는 중요한 책입니다.

솔로몬 임금, 15세기 이탈리아 성경 사본 세밀화

4) 문학 유형

헬레니즘 교육을 받은 저자가 그리스식 어휘와 개념, 연역적 사고방식을 사용했으며, 지혜를 터득한 사람이 그 지혜를 직접 독자에게 말하듯 적었습니다.

지혜서의 세 기둥

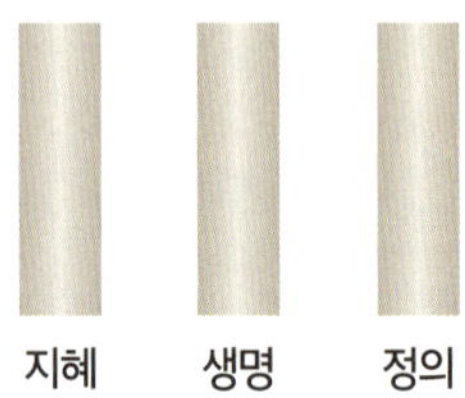

당시 현자들은
그리스 문화의 영향을 받아
세상을 받쳐 주는 세 기둥이
무엇인지 깊이 사색하였습니다.

지혜서의 서술 방식

유다식	그리스식
- 구체적 묘사: "바람에 날리는 검불"(5,14) - 성경에 나오는 사건을 이야기식으로 풀이: "원수들에게는 징벌의 도구가 되었던 바로 그것이"(11,5)	- 지혜의 덕목 제시: 스토아 사상 '절제, 예지, 정의, 용기'(8,7) - 무형의 물질에서 창조: 플라톤 사상 "무형의 물질로 세상을 창조하신 …"(11,17)

2. 구분과 내용

1) 구분

1-5장	6-9장	10-19장
하느님의 계획에 따른 인간의 길	지혜에 대한 찬미	하느님에게서 오는 지혜

2) 내용

① 지상의 통치자들이여 정의를 사랑하여라(1,1-15)

지혜서의 세 기둥 중에서 '정의'라는 주제가 맨 먼저 거론됩니다. 여기서 '정의를 사랑하라'는 말은 추상적 명제가 아니라, 실제 삶에서 부당한 대우를 하거나 어느 한쪽으로 치우친 편견을 지니지 말라는 권유입니다. 통치자는 하느님을 대리하는 위치에 있으므로, 우선 정의로우신 하느님의 처신을 본받아야 할 의무가 있다고 강조합니다.

의인과 악인, 15세기, 《신국론》 삽화, 국립도서관, 파리.

② 지혜는 사람을 사랑하는 영(1,16-5,23)

지혜는 사람을 올바른 삶으로 이끌어 가는 영입니다. 그런데 '영'이라고 표현하면 곧바로 영혼과 육신을 대비시키는 플라톤의 이원론이 연상됩니다. 그러나 지혜서는 인간을 영혼과 육신으로 분리하지 않습니다. "지혜는 간악한 영혼 안으로 들지 않고 죄에 얽매인 육신 안에 머무르지 않는다"(1,4)는 말씀에서 볼 수 있듯이, 지혜는 영혼과 육신을 통틀어 간악한 악인들에게는 머무르지 않는다는 뜻입니다.

③ 거룩한 것을 거룩하게 지키는 이들은 거룩한 사람이 됩니다(6,1-21)

지혜의 길을 가는 사람은 더욱더 지혜로워져 죄에 빠지지 않습니다. 따라서 의인과 악인을 판가름하는 가장 근원적 기준은 올바른 길로 이끌어 주는 '지혜'를 간직하고 있느냐입니다. 하느님께서 허락해 주신 지혜의 길을 충실히 걸은 이들은 마침내 의인이라고 판정받고, 그와 반대로 자신의 생각과 힘과 가치관에 따라 제멋대로 살아온 이들은 마침내 악인으로 판정받기 마련입니다.

지혜의 원천이신 하느님, 14세기, 로베르티 시편집 삽화, 영국 도서관.

④ 지혜는 하느님의 벗으로 살아가는 비법(6,22-9,18)

지혜는 하느님의 벗으로 살아가는 비법입니다. 솔로몬도 지혜를 소중히 여겼기에 기도를 올려서 지혜를 받았다고 이야기합니다. 지혜는 타고나는 것이 아니라 하느님께서 주시는 선물입니다. 따라서 이 지혜는 하느님께서 주시지 않으면 얻을 수가 없습니다. 솔로몬처럼 젊어서부터 지혜를 그리워하고, 온 마음을 다하여 지혜를 주십사고 주님께 청하는 자세가 무엇보다 중요합니다.

⑤ 이스라엘 선조들과 동행한 지혜(10,1-11,1)

지혜는 일상 삶에서 우러나오는 것이기에 인류 역사와 동시에 시작되었다고 해도 과언이 아닙니다. 지혜서 저자가 창세기의 내용을 다시금 돌아보는 것도, 인류의 아버지 아담이 홀로 창조되었을 때부터 죄를 지었을 때에 이르기까지 늘 보호해 주신 분이 바로 '지혜'였다는 고백 때문입니다. 또 아담만이 아니라 카인이 분을 참지 못하여 동생을 죽인 것도 지혜를 떠났기 때문이라고 평가합니다.

⑥ 이집트 탈출 사건에 나타난 지혜의 충실성(11,2-19,22)

지혜서 저자는 11장부터 이스라엘 백성이 겪은 이집트 탈출 사건과 그 후에 겪은 일을 자세히 거론합니다. 그러면서 우상을 숭배하는 이방인들과 대조하여 지혜를 따르는 삶이 얼마나 오묘하고 놀라운지를 이야기합니다. 똑같은 시간과 공간에서 산다 해도, 지혜를 따라 사는 의인들의 삶과 지혜를 따르지 않는 악인들의 삶은 전혀 다른 차원의 세계를 경험할 수밖에 없습니다.

"저희가 남을 심판할 때에는 당신의 선하심을 잘 생각하고 심판을 받을 때에는 자비를 기대하라는 것입니다"(12,22).

3. 가르침

지혜서를 관통하고 있는 세 가지 사상은
'지혜'와 '생명'과 '정의'입니다.

사실 지혜는 우리의 일상생활과
떼려야 뗄 수 없는 긴밀한 관계에 있습니다.

그러기에 지혜서는 책으로 읽는 것이 아니라,
생활로 읽는 것이라고도 할 수 있습니다.

살다 보면 과감히 결정해야 할 때가
하루에도 몇 번씩 있습니다.

그때 내가 내리는 판단의 가치 기준은 무엇인지
곰곰이 헤아려 봐야 합니다.

지혜서의 저자는 그 가치 기준이
'지혜'와 '생명'과 '정의'여야 한다고 일깨웁니다.

진정한 지혜는 하느님의 말씀이
'내 발에 등불이요, 나의 길에 빛'(시편 119, 105 참조)으로서
구원에 이르는 길임을 아는 것입니다.

생명과 정의의 주재자 하느님, 13세기, 모랄리쎄 성경 삽화, 오스트리아 국립도서관, 비엔나.

집회서

18주간

제3일: 집회 1,1-13,26
(집회 2,5-6)

제4일: 집회 14,1-26,28
(집회 17,2-26)

제5일: 집회 26,29-39,35
(집회 35,1-6)

제6일: 집회 40,1-51,30
(집회 40,26-27)

1. 입문

1) 책의 이름

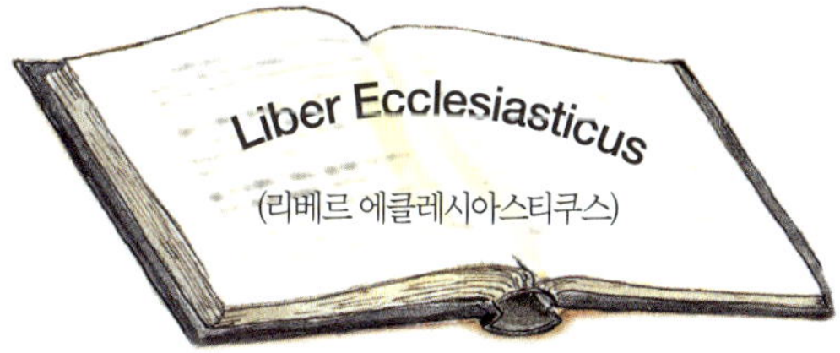

칠십인역 성경	소피아 시락(Σοφια Σιραχ), '시라의 지혜'라는 뜻
라틴어 성경	리베르 에클레시아스티쿠스(Liber Ecclesiasticus), '교회의 책'이라는 뜻

2) 저자

최근 발견한 히브리어 원문과 몇몇 중요한 사본에 따르면, 성경의 결론 부분에서 저자의 이름이 '시라의 아들 예수'로 나옵니다(집회 50,27). 즉 '예수 벤 시라'가 집회서의 저자입니다. 시라의 특정한 후손이 썼다는 사실에서 시라의 지혜' 또는 '시라서'라고도 부릅니다.

3) 저술 연대와 언어

유다인들이 어느 정도 자유를 누리고 있었던 시절인 기원전 약 190년에서 180년경, 예루살렘에서 히브리어로 쓰였을 것으로 추정합니다. 기원전 132년부터 저자의 손자가 알렉산드리아에서 그리스어로 번역한 것이 오늘날 우리에게 전해졌습니다.

4) 저술 목적

하느님께 순명하고 그분의 손을 기다려라, 12세기, 프레스코, 카탈루냐 예술박물관, 바르셀로나.

기원전 2세기 초 팔레스티나의 지배권은 이집트에서 시리아로 넘어갔습니다. 시리아의 안티오코스 3세는 유다인들에게 호의적인 정책을 폈고 그들의 종교적 특권을 인정했으나, 후계자인 안티오코스 4세는 유다인들에게 그리스의 생활양식과 문화를 강요했습니다.

새로운 문화가 유입되는 가운데, 벤 시라는 이스라엘 백성의 기억과 역사의식을 되살려 믿음과 소명, 그리고 민족의 정체성과 전통이 지닌 영속적 가치를 보여 주려고 애썼습니다. 또 만백성을 위하여 살아 계시는 하느님을 증거하려고 노력했습니다. 즉 '율법과 지혜 전승이 상충되지 않는다'는 것을 가르치며, 믿음이 흔들리는 유다인들을 헬레니즘의 위협에서 보호하고, 한 분이신 하느님에 대한 신앙에 충실하라고 권고하기 위해 이 책을 썼습니다.

이 책은 이스라엘 백성이 생겨난 목적에 관한 일종의 긴 묵상집이라고 할 수 있습니다.

2. 구분과 내용

1) 구분

제1부	인간의 삶에서 찾아본 하느님의 지혜
	1,1-23,27
	24,1-42,14
제2부	자연과 이스라엘 역사에서 찾아본 하느님의 지혜
	자연에서 42,15-43,33
	역사에서 44,1-50,24
결론	50,25-29
부록	51,1-30

2) 내용

집회서는 내용상 뚜렷한 구분 없이 자신의 사상과 권면을 주제별로 다양하게 모아 놓은 책입니다. 그러므로 44,1-50,24의 역사적 인물에 나타난 하느님의 영광을 다룬 특정 모음집을 제외하면, 내용상 반복도 많고 단락에서 일정한 흐름을 찾아보기도 어렵습니다. 결국 벤 시라가 오랜 세월에 걸쳐 터득한 지혜를 펼쳐 놓은 책이라서 주제를 제시하는 데에 일정한 틀을 취하지 않은 것으로 보입니다. 집회서에서 다루고 있는 주제는 다음과 같습니다.

옥좌에 앉은 솔로몬 임금과 토의하는 예수 벤 시라(왼쪽), 10세기, 예언서 삽화, 왕립도서관, 코펜하겐.

1. 지혜에 관한 여러 시詩: '지혜'라는 주제가 집회서 전반에 걸쳐서 반복되어 나오는데, 특히 24장이 중심이다.
2. 창조와 하느님의 정의
3. 주님을 두려워함
4. 가정생활, 아내와 여자, 우정
5. 경제와 재물, 정치 활동, 이웃 돕기, 음식 등
6. 여러 덕행
7. 말의 중요성 등 여러 가지 주제
8. 자유 의지에 관한 진술

집회서의 주제는 체계를 세울 수 없을 만큼 흩어져 있고 한두 주제가 복합되기도 하는 등 무척 산만합니다. 그러나 집회서는 평범하면서도 무엇 하나 빼놓을 수 없는 우리의 일상생활과 같습니다.

① 주님을 경외함(2,15-18)

주님을 사랑하는 이들은 주님을 경외하는 이들이라고 말합니다. 주님을 경외한다는 것은 주님께 자신을 완전히 맡겨 드리는 가장 기본적인 태도라고 밝힙니다. 그러므로 주님을 경외하는 사람은 그분의 법을 준수하면서 기꺼이 지혜를 찾아 나섭니다. 주님을 경외해야 비로소 지혜를 얻을 수 있고 지혜를 얻어야 주님을 경외하게 된다는 것입니다. 결국 주님을 경외함이란 곧 율법에 대한 순종을 뜻합니다.

② 여러 덕행: 인내와 절제(2,1-6)

헬레니즘에 의해 야기되는 유혹의 물결에 휩쓸리지 말고 하느님 안에서 인내하고 절제된 생활을 하라고 강조합니다. 저자는 모세의 율법을 찬양하고 하느님 백성이 지닌 전통적 지혜의 위대함을 옹호합니다. 아울러 시대의 아픔을 느끼면서 주님을 따르려 애쓰는 이들에게, 하느님께 근거한 삶의 지침과 격려의 말을 들려줍니다.

주님을 경외하라, 14세기, 성경 삽화, 성 로렌조 수도원 도서관.

③ 기도(28,2-4)

저자는 기도가 올바른 삶의 태도와 일치해야 한다고 강조합니다. 따라서 진정한 기도는 회개를 전제한다고 말합니다. 이웃의 잘못을 용서하고 자기 죄의 용서를 청하면서 기도해야 한다고 강조합니다.

④ 생활의 슬기를 담은 모든 이의 책

"듣기는 빨리하고 대답은 신중히 하여라. … 영광과 치욕은 말에 있고 인간의 혀는 파멸이 될 수도 있다. 중상꾼으로 불리지 않도록 하고 네 혀로 올가미를 놓지 마라. 부끄러움이 도둑에게 닥치고 엄한 단죄가 두 혀를 지닌 자에게 떨어지리라. 큰일이든 작은 일이든 소홀히 하지 말고 친구가 되어야지 원수가 되어서는 안 된다"(5,11-6,1ㄱ).

⑤ 지혜와 율법의 만남

벤 시라는 하느님의 계약과 인간의 체험으로 밝혀낼 수 있는 지혜는 연속성을 갖는다고 말합니다. 즉 참된 예배의 혼으로 일상생활과 주님의 계명을 연결시킨다는 것입니다. 우리의 일상생활에서 지켜야 할 삶의 자리, 생활의 진리가 결국 계명임을 깨달을 수 있습니다. 그러므로 우리는

어머니 또는 여성으로 의인화된 지혜, 11세기, 리모게스 성경 삽화, 국립도서관, 파리.

신앙에서 지켜야 할 계명이 결코 종교 때문에 덮어씌워진 굴레가 아니라 인간다운 삶을 위한 지침임을 깨닫게 됩니다.

집회서의 저자 벤 시라는 지혜와 율법과 하느님에 대한 경외심의 상호 관계를 잘 조화시켜 지혜를 종합하고 있습니다. 지혜를 추구하는 사람은 율법을 완전히 이해하고 지켜서 스스로 율법과 일치해야 한다고 강조합니다(24,1-32).

3. 가르침

지혜(가운데)는 영원한 사랑(맨 왼쪽)부터 어리석은 노인(맨 오른쪽)까지 나 보필한다, 12세기, 굼페르츠 성경 삽화, 에어랑겐대학교 도서관.

우리는 아침에 눈을 뜨면서부터 스스로 선택하지 않아도 물밀듯이 밀려드는 시대의 변화, 새로운 정보와 더불어 세속화의 소용돌이 앞에서 하느님의 계명에 충실하고자 하는 신앙인으로 서 있습니다.

구약의 많은 예언자는 죄악과 위기 앞에서 이스라엘 신앙의 원천으로 돌아가라고 호소했습니다. 시대의 현자이며 율법 학자였던 벤 시라 역시 헬레니즘의 거대한 폭풍 앞에서 이스라엘이 서 있을 자리를 알려 주었습니다. 이러한 가르침을 통해 우리 또한 지금 우리가 서 있어야 할 자리를 발견할 수 있습니다.

생활 속에서 느끼는 기도와 묵상의 주제를 집회서와 함께 묵상하며 매일 생명의 물을 마실 때, 우리의 삶도 변화되고 우리의 미래는 하느님 안에서 투명해질 것입니다.

미켈란젤로, 예언자 예레미야, 16세기, 시스티나 경당, 바티칸.

예언서 전체 보기

1. 예언자란 누구인가?

1) 예언자

예언자는 '앞일을 미리 알려 주는 사람(豫言者)'이기도 하고, 자신에게 '맡겨진 말씀을 선포하는 사람(預言者)'이기도 합니다. 성경의 예언자는 이 두 가지 역할을 다 수행하지만, 후자의 역할을 더 중요하게 강조합니다.

한 자	預言者(預: 맡길 예, 言: 말씀 언)
히브리어	나비(נָבִיא)
그리스어	프로페테스(προφήτης)
"하느님의 이름으로 말하는 사람"	
"하느님께서 들려주신 말씀을 전하는 사람"	

2) 예언자(예언서)의 구분

예언서를 대·소로 구분하는 것은 책의 분량이 많고 적음에 따른 것입니다.

대 예언서	소 예언서
이사야서 예레미야서(애가, 바룩서) 에제키엘서 다니엘서	호세아서, 요엘서, 아모스서 오바드야서, 요나서 미카서, 나훔서, 하바쿡서 스바니야서, 하까이서 즈카르야서, 말라키서

3) 참예언자와 거짓 예언자

예언자들 중에는 백성의 반응에 상관없이 하느님의 뜻을 전하는 참예언자들이 있는 반면, 임금이나 백성에게 듣기 좋은 말만 하는 거짓 예언자들이 있습니다.

거짓 예언자란
① 거짓을 가르치는 예언자(이사 9,14) ② 다른 신들이나 거짓의 이름으로 예언하는 자(신명 18,20; 예레 5,31) ③ 거짓을 행하는 예언자(예레 6,13) ④ 예언자로 파견되지 않았는데도 하느님의 이름으로 예언하는 자(신명 18,20; 예레 14,15; 23,32; 29,9) ⑤ 제 마음대로 예언하는 자(에제 13,2-13) ⑥ 하느님 백성을 잘못 이끄는 예언자(미카 3,5) ⑦ 주님의 이름으로 말하였는데도 그 말이 이루어지지 않거나 일어나지 않는 경우(신명 18,22)

2. 예언서의 지리적 배경

예언서를 쓴 이스라엘의 예언자들이 활동한 시대는 대략 기원전 8세기에서 기원전 4세기에 이릅니다. 이 시기에 근동 세계는 아시리아, 바빌로니아, 페르시아, 그리스 등 대제국들의 세력이 교체되면서 큰 변화가 있었습니다.

유다와 이스라엘은 이러한 국제 정세의 영향을 크게 받으며 멸망의 길로 빠졌습니다. 강대국의 억압에도 아랑곳없이 자행되는 유다와 이스라엘 내부의 불의와 부성, 우상 숭배 속에서 예인자들은 온 세계를 향한 주 하느님의 신탁을 힘차게 전달하였습니다.

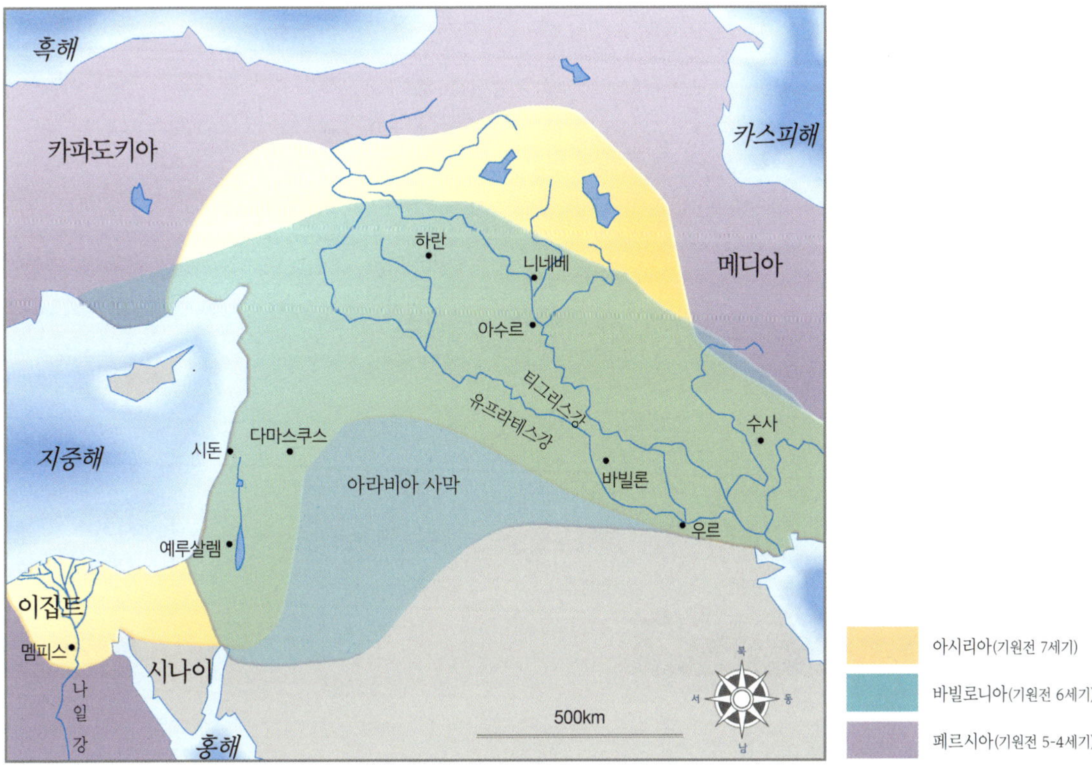

3. 예언서의 시대 배경

성경의 예언자는 이스라엘 백성이 살아온 역사를 무대로 하느님의 말씀을 전한 사람입니다. 하느님의 말씀을 받아서 전하는 대변인인데, 정치권에서 흔히 말하는 '대변인'과는 성격이 전혀 다릅니다.

예언자들은 하느님의 말씀을 적극적으로 받아들이고, 하느님의 처지에 서서 그 시대의 체제와 사회의 부정을 비판했습니다.

또 우상 숭배와 잘못된 경신례를 힐책하며, 생활 태도를 고치고 야훼와 맺은 계약을 충실히 지키라는 메시지를 선포했습니다.

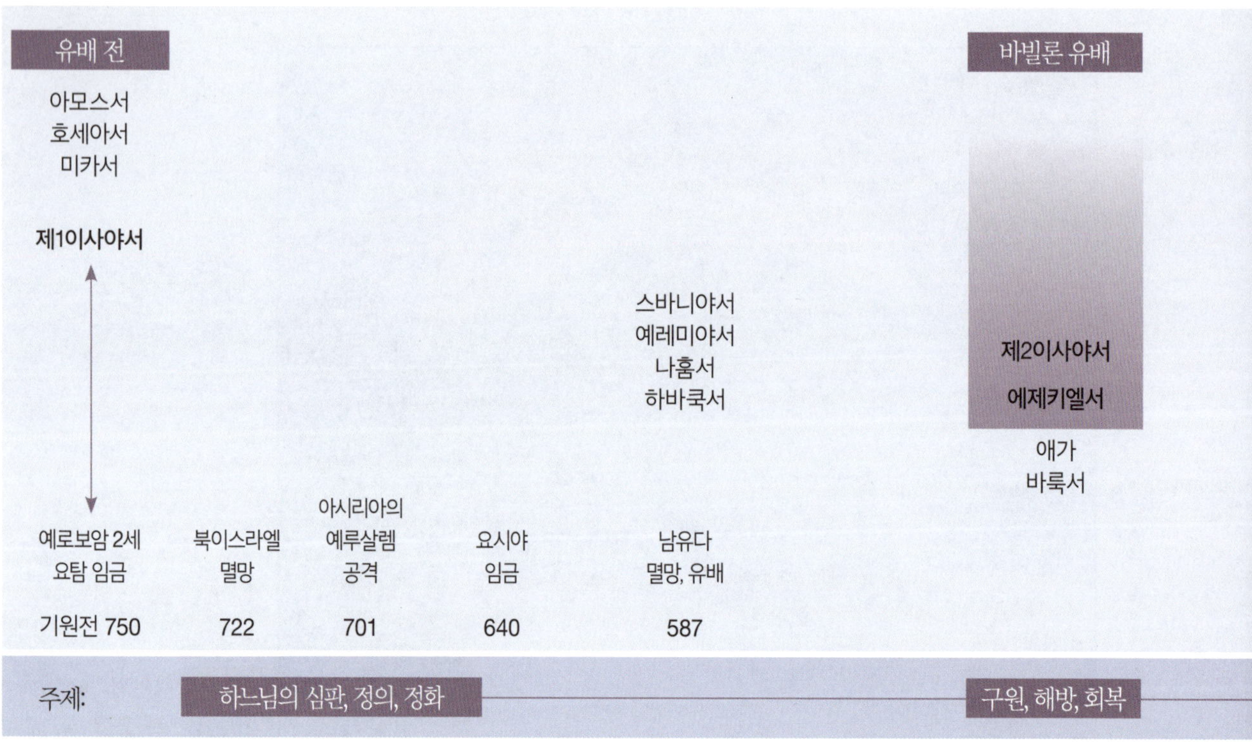

4. 예언자들의 정신과 전승

예언서에 흐르는 전승의 큰 맥은 하느님께서 이스라엘의 과거 역사에서 하신 일들을 일깨우고 기억하게 합니다. 성조들을 부르시고 이집트의 종살이에서 구원(해방)하시고, 광야로 인도하여 가나안 땅에 정착하게 하신 하느님께서 지금도 이스라엘을 부르고 인도하신다는 것을 알게 하는 것이 예언서의 핵심입니다.

예언자들은 자기들이 받은 하느님의 말씀을 전합니다. 그 말씀 안에서 물려받은 신앙과 전승을 그 시대의 사건을 판단하는 기준으로 제시하며, 백성에게 하느님의 뜻을 알립니다. 그들은 하느님의 길에 어긋나는 불의를 규탄하고, 하느님 말씀에 비추어 사람들의 양심을 흔들어 깨우는 역할을 했습니다.

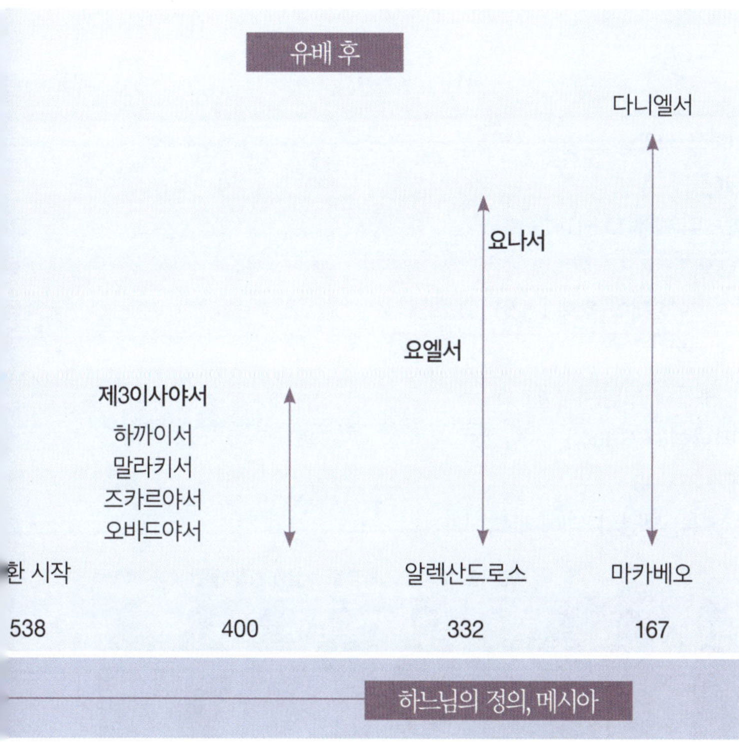

예언자의 출신

아모스와 미카
농촌 출신으로 솔직 담백하고 힘차다.

이사야와 스바니야
상류 계층으로 세련되다.

에제키엘
사제 가문 출신으로 성전과 전례에 능통하다.

예레미야
시골 출신의 사제 계층으로 섬세하다.

예언자들의 공통된 모습

① 모국인 이스라엘을 사랑하고 그 실패와 비참함을 자기 것으로 느끼며, 미래를 향한 용기를 북돋아 주는 격려의 메시지를 전했다.
② 하느님의 부르심을 받고 그분의 영으로 인도되어, 사람들이 그들의 말에 귀를 기울이지 않고 그들을 박해하여도 용감하게 하느님의 말씀을 전했다.

5. 예언자들의 메시지 전달 방법

① 일상의 언어로 이야기함
② 비유로 이야기함 - 사자의 입에서 구원된 남은 자(아모 3,12)
- 손수 키운 여인 이스라엘(에제 16장)
③ 표징으로 이야기함 - 썩어 아무 쓸모없게 된 아마포 띠(예레 13,1-11)
- 멸망을 상징하는 행위(에제 12장)
④ 예언자 자신의 삶으로 이야기함 - 부정한 아내와 사는 호세아(호세 1-3장)
- 밭을 사들임(예레 32장)
⑤ 환시 또는 꿈으로 이야기함 - 드높은 어좌에 앉아 계신 하느님(이사 6,1-13)
- 하느님께서 성전을 떠나심(에제 10장)
- 마른 뼈들의 부활(에제 37,1-14)
- 성전에서 솟아 흐르는 물, 생명의 샘(에제 47,1-12)

예언자들, 12세기, 《기쁨의 동산》 삽화, 시립박물관, 스트라스부르.

6. 예언서 각 권의 내용

이사야서	예레미야서	애가
(1-39장) 여러 주제와 상황에 대한 이사야의 설교 (40-55장) 구원과 해방 (56-66장) 메시아 도래 갈구	난세의 위기에 처할 국가의 운명에 대한 예언과 새 계약에 관한 40년간의 예언	예루살렘과 성전의 파괴를 슬퍼하며, 자신들의 잘못을 뉘우치고 하느님의 자비를 청하는 노래
바룩서	**에제키엘서**	**다니엘서**
바빌론 유배를 통해 자신들의 죄를 고백하며, 하느님께 온전히 의탁하고, 그분의 인도를 받으라는 가르침	이스라엘의 잘못에 대한 꾸짖음, 새로운 계약을 통한 구원의 약속과 조건	이방 국가에게 박해받는 어려운 처지에서도 하느님을 신뢰하고, 그분이 구원해 주실 때까지 충실히 기다릴 것을 일러 줌
호세아서	**요엘서**	**아모스서**
야훼는 사랑의 하느님이며 회개하는 자를 용서하시는 분이라고 가르침	단식과 기도로 참회하라고 외침, 영을 내려 주실 것을 약속	죄 때문에 주님께서 이스라엘을 멸하시리라고 북이스라엘 왕국에게 경고
오바드야서	**요나서**	**미카서**
유다의 적과 결탁한 에돔을 비난하는 여러 설교	하느님의 자비에 관한 비유, 하느님은 유다인뿐만 아니라 모든 이를 사랑하신다는 것을 보여 줌	유다의 불의에 대한 심판, 베들레헴에서 구세주가 태어나실 것을 예고
나훔서	**하바쿡서**	**스바니야서**
기원전 7세기 말 유다를 위협하는 아시리아를 단죄하는 훈계	나훔에 뒤이은 유다에서의 예언, 억압과 폭력을 쓰는 강대국과 불의한 자들을 징벌하시는 하느님	요시야 임금이 다스릴 때 우상 숭배와 이방인의 풍습을 따라 사는 데 대한 훈계
하까이서	**즈카르야서**	**말라키서**
유배 후 예루살렘으로 돌아온 유다인들을 가르침, 예루살렘에 야훼의 성전을 재건하라는 말씀	성전을 재건하도록 격려한 하까이의 동반자, 평화의 임금으로 오시는 메시아에 대한 환시	악습과 무관심에 대한 설교, 종말에 대한 예언

이사야서

19주간

제1일: 이사 1,1-5,30
(시편 108,6.14)

제2일: 이사 6,1-10,34
(시편 72,3-17)

제3일: 이사 11,1-17,14
(시편 68,1-7)

제4일: 이사 18,1-24,23
(시편 69,31-37)

제5일: 이사 25,1-31,9
(시편 31,15-25)

제6일: 이사 32,1-39,8
(시편 9,14-19)

20주간

제1일: 이사 40,1-43,28
(시편 23)

제2일: 이사 44,1-46,13
(시편 25,16-22)

제3일: 이사 47,1-51,23
(시편 9,2-13)

제4일: 이사 52,1-57,21
(시편 62,6-9)

제5일: 이사 58,1-62,12
(시편 18,31-51)

제6일: 이사 63,1-66,24
(시편 98,1-9)

1. 입문

모두 66장으로 구성된 이사야서는 분량이 가장 많은 예언서입니다. 예수 그리스도에 대한 예를 훌륭하게 제시하고 있어 신약성경에서 시편 다음으로 많이 인용되는, 예언서 중의 예언서입니다.

1) 책의 이름

예언자 '이사야'의 말씀을 모아 놓은 것이라 그 이름을 따서 '이사야'라고 했습니다. 히브리 성경은 '이샤야후(יְשַׁעְיָהוּ)'이고 칠십인역 성경은 '에사이아스(Ἠσαιας)'라고 합니다.

2) 저자

이사야의 소명(이사야는 '야훼께서 구원하신다', '야훼는 구원이시다'라는 뜻이다), 1000년경, 밤베르크 이사야서 주해서 삽화, 주립도서관, 밤베르크.

여러 시대에 여러 명이 한 부분씩 맡아 써서 방대한 분량을 이루었지만, 같은 정신으로 작품을 기술하였기에 한 작품으로 봅니다.

기품이 당당하고 관용과 지혜, 신앙을 지녔던 이사야는 기원전 740년경에 하느님께 선택되어 혼란한 시대에 40여 년간 예언자로 활약하였습니다.

이사야는 야훼 하느님의 위대하심과 거룩하심을 강조하면서, 지도층에게 하느님을 신뢰하고 신앙에 바탕을 둔 바른 정치를 펴라고 계속 권고합니다. 그러나 이를 따르지 않을 때에는 하느님의 심판이 내릴 것이라고 경고합니다. 한편 충실하게 살아가는 소수의 사람들(남은 자)만이 구원될 것이라고 예언합니다.

메시아의 탄생 예고, 16세기, 미레폭스 미사경본 삽화.

또 남은 다윗 후손 중에서 약속된 메시아가 태어날 것을 예고하며, 그날이야말로 은총의 새 시대가 시작될 것이라는 희망을 불어넣어 줍니다.

3) 시대 배경

유다가 한 왕국으로서 외세에 흔들리던 기원전 8세기 후반부터, 나라가 망해서 바빌론으로 유배 간 시절과 예루살렘에 귀환하여 공동체를 재건하는 기원전 6세기 후반까지를 망라합니다.

4) 구분

크게 1-39장과 40-55장과 56-66장의 세 부분으로 나누어지는 이사야서에는, 나라가 위태로울 때 겪는 불안감과 나라가 멸망해서 다른 나라로 유배된 시기에 다시 일어서려는 강렬한 희망이 모두 녹아들어 있습니다. 그래서 예수님을 비롯해서 초대교회 사도들은 이스라엘의 전 역사를 통해 선포된 하느님의 말씀인 이사야서를 자주 인용하였습니다. 예를 들어, 예수님께서는 안식일에 나자렛 회당에 가시어 이사야 예언서를 읽으시면서 당신의 사명을 밝히십니다(루카 4,16-20).

제1이사야	1-39장	이사야 자신의 예언이 중심을 이룸
제2이사야	40-55장	바빌론 유배 시대 말기에 제자에 의해 쓰임
제3이사야	56-66장	바빌론 유배에서 풀려나 예루살렘으로 돌아온 후에 정리됨

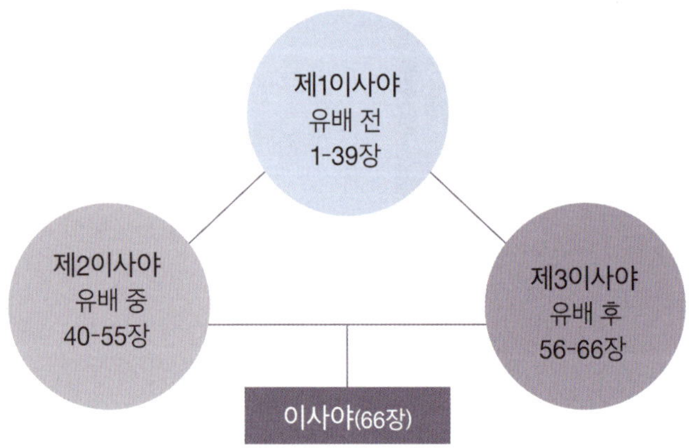

2. 제1이사야서

> "우리에게 한 아기가 태어났고 우리에게 한 아들이 주어졌습니다.
> 왕권이 그의 어깨에 놓이고 그의 이름은 놀라운 경륜가, 용맹한 하느님,
> 영원한 아버지 평화의 군왕이라 불리리이다"(9,5).

제1이사야가 활동하던 시대 상황 연대: 기원전

- 유다 임금 우찌야(783-742)
- ↓ 요탐(750-735)
- 시리아·에프라임 전쟁(734) → 아하즈(735-715)
- 아시리아 임금 산헤립 침공(702-701) → 히즈키야(715-686)

아시리아군의 전투 장면, 기원전 8세기, 티글랏 필에세르 3세의 궁전 부조, 영국 박물관.

1) 시대 배경

제1이사야서로 불리는 이사 1-39장에서는 유다 왕국이 멸망하기 이전에 역대 임금들이 펼쳤던 외교 정책을 중심으로 이야기가 전개됩니다. 즉 우찌야 임금이 죽던 해부터 요탐, 아하즈를 거쳐 히즈키야가 다스리던 시절까지 일어났던 역사적 사건을 배경으로 선포되는 이사야의 예언이 제1이사야서의 주된 내용입니다.

2) 내용

유다에 대한 환시와 소명(1,1-6,13)

초월자이시고 거룩하신 주님께서 천상 회의에서 배은망덕한 유다와 예루살렘에 파견할 사자를 찾으십니다. "내가 누구를 보낼까?"라는 주님의 물음에 이사야가 "저를 보내십시오" 하고 자청하여 나섭니다(6,8). 이사야는 이스라엘 백성에게 심판을 선언하기 위해 파견됩니다.

"보십시오. 젊은 여인이 잉태하여 아들을 낳고 그 이름을 임마누엘이라 할 것입니다"(7,14).

임마누 엘(עִמָּנוּ אֵל)
임마누 = 우리와 함께
엘 = 하느님
임마누엘은 '하느님께서 우리와 함께 계시다'는 뜻이다(마태 1,23).

이스라엘의 희망(7,1-12,6)

임마누엘 표징을 예고하며 이스라엘 백성에게 심판과 구원을 알립니다. 이사야는 자신의 예언이 실현될 것이라 확신하며, 하느님께서 자신의 예언이 정당함을 입증해 주시기를 기다립니다. 그분이 오실 때 지상에는 평화가 이룩될 것이며, 그 평화는 영원하리라 노래합니다.

이웃 민족들의 멸망 예고(13,1-17,14; 18,1-23,18)

주님은 이스라엘의 주권자이실 뿐만 아니라 온 세계를 통치하는 만군의 주님이시며, 모든 인간 세계의 질서를 주재하시는 분임을 드러냅니다. 인간이 제 아무리 뛰어난 능력으로 계획하고 실현하려 해도 하느님의 뜻에 합당하지 않다면 어느 것 하나도 이루어질 수 없다고 깨우쳐 줍니다.

심판과 구원(24,1-27,13)

'이사야의 묵시록'이라 할 수 있는 이 부분은, 먼 훗날 주님께서 온 세상을 심판하실 것이라고 예언합니다. 그렇지만 주님께서는 끝까지 충실한 자들에게 번영과 평화, 영원한 생명을 주시고 흩으신 민족들을 다시 모아들이겠다고 약속하십니다.

하느님에 대한 신뢰(28,1-33,24)

임금은 아시리아에 대적하기 위하여 이집트와 동맹을 맺으려 하지만, 이사야는 외국의 군사력에 의지하지 말고 만군의 주님께 의탁하라고 촉구합니다.

의로우신 하느님(34,1-39,8)

하느님의 백성인 이스라엘과 대적했던 이웃 나라들이 당할 치명적 운명을 예고하며, 하느님의 도성 시온은 구원되리라는 약속을 전하고 있습니다.

히즈키야 시대에 아시리아 임금 산헤립이 예루살렘으로 쳐들어옵니다. 그러나 이사야는 주님께서 그 재난에서

말씀을 전하는 이사야, 10세기, 사본 삽화, 팔라티나 도서관.

이스라엘을 구원하실 것이라고 예언하였고, 그 말씀은 그대로 이루어집니다. 그는 또 히즈키야 임금의 발병과 치유, 바빌론의 침략에 관해서도 예고합니다.

3) 메시지

제1이사야서의 메시지는 '하느님의 심판'으로 요약됩니다. 이사야의 시대에 유다는 막강한 아시리아 제국과 바빌로니아와 이집트가 맞부딪치며 소용돌이치는 세력권의 한복판에 있었습니다. 그때 이사야는 유다 왕국이 불신앙에서 벗어나 하느님께서 원하시는 방향으로 외교 노선을 잡을 것을 촉구하며, 주님에 대해 충실하고 견고한 신앙을 가지라고 요구합니다. 초월적 하느님이신 이스라엘의 거룩하신 분에 대한 확고한 신앙으로 구원의 길을 걸어가야 한다고 선포합니다.

3. 제2이사야서

> "내가 바로 그분이다. 나는 처음이며 나는 마지막이다.
> 내 손이 땅의 기초를 놓았고 내 오른손이 하늘을 펼쳤다.
> 내가 그들을 부르면 다 함께 일어선다"(48,12-13).

창조주 하느님, 12세기, 성경 삽화, 왕립도서관, 코펜하겐.

1) 인물

이사 40-55장을 선포한 예언자는 기원전 6세기 중반 바빌론에서 유배 생활을 하던 익명의 유다인입니다. 대예언자 이사야의 정신을 이어받은 제자 가운데 한 사람으로 보이는 그를 편의상 제2이사야라고 부릅니다.

제2이사야는 사람들에게 감동과 감흥을 자아내게 하는 필력을 지닌, 성경 문학상 매우 뛰어난 시인이었습니다. 네 차례 제시되는 '주님의 종의 노래'는 오랜 세월 동안 많은 사람에게 사랑을 받아 왔습니다.

그는 처음부터 끝까지 격조 높은 서정을 유지하며, 하느님께서 이스라엘을 위해 마련하실 위대한 일들을 현재 유배자들이 완고하게 외면하고 있는 사실에 부닥칠 때에는 그지없이 슬퍼했습니다. 그는 실망한 백성에게 용기를 주며, 창조주 하느님의 능력과 유일성, 절대주권에 대한 신앙을 일으켰습니다.

2) 시대 배경

기원전 550-540년 사이에 예언 활동을 했으리라 추정되는 제2이사야는 그 시대에 좌절해 있던 이스라엘 백성에게 크나큰 희망을 전하는 사명을 수행했습니다. 그의 시대에 페르시아의 임금 키루스는 근동 지역을 장악하기 시작하여 마침내 바빌로니아 제국을 무너트리고 바빌론에 입성합니다(기원전 539년). 이로써 이스라엘 백성은 유다로 돌아와 예루살렘 성전을 재건하는 꿈을 실현하게 됩니다.

황소 기둥머리, 기원전 5세기, 페르시아 왕궁, 테헤란 박물관.

3) 내용

이스라엘의 하느님 야훼(40,1-44,23)

제2이사야는 해방과 구원의 기쁜 소식으로 유배 중인 이스라엘을 위로하면서 야훼만이 이스라엘의 유일한 하느님이시라고 강조합니다. 이집트에서 종노릇하던 이스라엘을 해방시킨 주님께서 이제 바빌론에서도 구원(제2의 이집트 탈출)해 주실 것이라고 선포합니다.

창조주시며 구원자이신 하느님(44,24-48,22)

야훼만이 하느님이고 이스라엘의 구원자이며 온 세계의 주님이시라고 밝힙니다. 창조주이신 주님께서 역사의 주재자로서 이방인 임금 키루스를 도구로 삼아 예루살렘을 재건하고 이스라엘에 구원을 베푸십니다. 예언자는 미래의 주인이신 주님을 기억하고 주님께 의탁하도록 백성을 위로하고, 확신을 심어 줍니다.

주님의 종의 노래(49,1-55,13)

'주님의 종'의 노래는 주님의 구원을 수행할 종의 모습을 밝힙니다. 주님의 종의 노래를 통해 이스라엘을 구원하시는 주님의 깊은 사랑이 드러납니다. 주님의 종의 노래 가운데 넷째 노래는 예수 그리스도를 표상합니다.

주님의 종의 노래			
첫째 노래	둘째 노래	셋째 노래	넷째 노래
42,1-9	49,1-7	50,4-9	52,13-53,12
내가 선택한 이, 내 마음에 드는 이다. 그는 외치지도 않고 목소리를 높이지도 않는다. 그는 부러진 갈대를 꺾지 않고 꺼져 가는 심지를 끄지 않으리라.	주님께서 나를 모태에서부터 부르시고, 어머니 배 속에서부터 내 이름을 지어 주셨다. "너는 나의 종이다. 이스라엘아, 너에게서 내 영광이 드러나리라."	주 하느님께서 내 귀를 열어 주시니 나는 거역하지도 않고 뒤로 물러서지도 않았다. 나는 매질하는 자들에게 내 등을, 수염을 잡아 뜯는 자들에게 내 뺨을 내맡겼고 모욕과 수모를 받지 않으려고 내 얼굴을 가리지도 않았다.	그렇지만 그는 우리의 병고를 메고 갔으며 우리의 고통을 짊어졌다. 그가 찔린 것은 우리의 악행 때문이고, 그가 으스러진 것 은 우리의 죄악 때문이다. 우리의 평화를 위하여 그가 징벌을 받았고, 그의 상처로 우리는 나았다.

4) 메시지 - 구원의 선포

"주님께서 시온으로 돌아오심을 그들은 직접 눈으로 본다"(52,8).

이스라엘 백성이 바빌론 유배에서 돌아오는 것은 새로운 탈출입니다. 새 이집트 탈출로 옛 체험을 더없이 강하게 상기시키며, 그들에게 해방과 구원을 선포하는 것입니다. 새로운 시작을 약속하는 것입니다. 여기서 약속을 이룰 수 있는 구원자이신 주님은 바로 창조주 하느님이시기에, 그런 위대한 능력을 지니고 계시다고 이야기합니다.

4. 제3이사야서

1) 인물

제3이사야는 유배에서 귀환한 이스라엘 백성에게 희망의 메시지를 전하며, 하느님은 이방인이든 유다인이든 구별 없이 모두 구원하시고자 한다고 강조합니다. 제3이사야서는 기원전 537-510년에 쓰였을 것으로 추정됩니다. 하지만 누가 썼는지, 제2이사야서의 필자와 동일 인물인지 등에 대해서는 의견이 구구합니다. 다만 제3이사야서의 내용이 통일되어 있지 않은 점으로 보아서 여러 사람의 손을 거쳐 이루어진 것으로 보고 있습니다.

2) 시대 배경

바빌론 유배에서 해방되어(기원전 538) 팔레스티나에 돌아온 이스라엘 백성은 고향 땅에서 새로운 환경에 놓이게 됩니다. 곧 다양한 체험을 한 여러 구성원이 함께 모여 살게 되자, 토지 분배와 주님 예배 형식의 차이 등 각종 문제로 서로 다투게 됩니다.

3) 구분

56-58장: 새 공동체(공동체에서 수용하는 사람의 조건)

59,1-15: 비탄의 기도

59,16-21: 구원이 예루살렘 위에 펼쳐지고 정의를 위해 주님께서 오심

60-62장: 예언자가 전하는 기쁜 소식의 수신인 - 가난한 이들의 공동체

63,1-6: 복수의 날에 개입하시는 주님

63,7-64,11: 자비를 구하는 기도

65-66장: 구원받는 공동체(역사를 초월한 그곳에 구원이 온다)

4) 내용

민족들에 대한 심판과 새로운 창조, 10세기, 《축복 묵시록》 삽화, 모르간 도서관, 뉴욕.

위로와 경고의 노래(56,1-62,12)

제3이사야는 실의에 빠져 있는 백성을 위로하며 새 희망을 안겨 줍니다. 새로운 공동체를 이루기 위해 사회정의를 이루라고 촉구합니다. "너희는 공정을 지키고 정의를 실천하여라"(56,1). 그리고 진정으로 주님을 섬기는 참된 단식과 안식에 대하여 일러 주며, 죄를 고백하고 주님의 오심을 준비하라고 촉구합니다.

새 하늘 새 땅의 노래(63,1-66,24)

하느님의 백성이 받게 될 미래의 영광에 대한 중요하고 아름다운 예언의 말씀이 선포됩니다. 주 하느님의 영광이 예루살렘에서 찬란히 빛나고, 뭇 나라도 그 영광을 찬미하며, 새 세계는 기쁨이 충만하고, 모든 적개심과 악이 사라져 첫 창조 때의 낙원이 이룩되리라는 예언입니다. 새 창조에 대한 예언자의 희망은 하느님에게만 의존하고 살아야 한다는 신앙의 표현입니다.

5) 메시지 - 구원의 기쁜 소식

제3이사야서에서는 새 공동체가 공정을 지키고 정의를 실천하는 것으로 그 존재가 선포된다고 이야기합니다. 거기에는 축복이 가득합니다. "보라, 나 이제 새 하늘과 새 땅을 창조하리라. … 너희는 내가 창조하는 것을 대대로 기뻐하고 즐거워하여라. 보라, 내가 예루살렘을 '즐거움'으로, 그 백성을 '기쁨'으로 창조하리라"(65,17-18).

예레미야서

21주간

제1일: 예레 1,1-9,25
(시편 71,5-12)

제2일: 예레 10,1-20,18
(시편 17,1-14)

제3일: 예레 21,1-31,40
(시편 60,3-7)

제4일: 예레 32,1-47,7
(시편 40,9-14)

제5일: 예레 48,1-52,34
(시편 138,1-8)

1. 입문

예레미야서는 예언자 예레미야가 거짓 예배와 우상 숭배에 빠져 하느님을 멀리하는 유다 백성에게 회개하여 재앙을 피하라고 선포합니다. 하지만 성과를 거두지 못한 채 비극적으로 끝나는 예언과 경고를 담고 있습니다.

1) 책의 이름

예언자 예레미야가 전하는 말씀을 모아 놓은 것이라, 그 이름을 따서 '예레미야'라 했습니다. '예레미야(יִרְמְיָהוּ)'란 이름에는 '야훼께서 던지다, 급히 보내다'라는 뜻이 내포되어 있습니다.

예루살렘 함락, 18세기 초, 베르나르 피카르 성경 삽화, 국립도서관, 파리.

2) 저자

예레미야가 선포한 하느님의 말씀을 기록한 책으로, 제자 바룩이 받아썼다고 본문에 나옵니다(36,4 참조).

3) 시대 배경

예레미야가 활약하던 시기(기원전 627-587)에는 나라 안팎이 혼란스러웠습니다. 나라 바깥에는 바빌로니아 제국과 이집트의 세력 다툼이 치열하였고, 안에서는 우상 숭배와 거짓 예배 같은 부패와 악행이 극도에 달하고 있었습니다. 결국 바빌로니아가 두 차례(기원전 598년과 587년)에 걸쳐 예루살렘을 함락하고 유다 백성을 바빌론으로 유배 보냅니다.

4) 구분

예레미야서는 구체적 사건의 경위 서술, 비유, 무언극, 고백 등의 형식을 자유롭게 구사하여 메시지를 전달합니다. 52장이나 되는 긴 내용을 다음과 같이 구분할 수 있습니다.

제1부	예레미야의 소명과 초기 선포(1-6장)
제2부	성전 설교와 예레미야의 심경(7-10장)
제3부	여호야킴 치세 때의 예언(11-20장)
제4부	치드키야 치세 때의 예언(21-25장)
제5부	심판과 희망의 예언(26-35장)
제6부	예레미야의 수난기(36-45장)
제7부	이방 민족을 향한 예언(46-51장)
부 록	예루살렘 함락에 대한 역사적 문헌(52장)

5) 예언자 예레미야

예레미야는 기원전 645년 예루살렘 동북쪽에 위치한 벤야민 땅 아나톳에서 사제 힐키야의 아들로 태어났습니다. 요시야 임금 13년에 젊은 나이로 예언자의 소명을 받은 예레미야는 천성이 조용하며 온순하고 겁이 많았습니다(1,6). 그러나 하느님의 소명을 받고 예언자가 된 그는, 타고난 성품과 달리 왕실의 잘못을 견책하고 백성에게 위협을 받으면서도 굴하지 않고 용감하게 활동합니다.

예레미야는 자기 민족을 위해 끊임없이 헌신하면서도 백성에게 버림과 증오를 받았던 '수난의 예언자'였습니다. 그가 자기 동포의 고집에 맞부딪쳐 토로하고 있는 심정을 읽고 있노라면, 600년 후 같은 백성의 비난과 고집에 직면하신 예수님의 심정도 헤아릴 수 있습니다.

이용덕, 예언자 예레미야, 1987, 성서와함께 소장.

2. 내용

1) 예레미야의 소명(1,4-19)

주님께서는 예레미야가 모태에 있을 때 그를 이미 성별하여 민족들의 예언자로 세우셨습니다. 그리고 직접 예레미야의 입에 말씀을 담아 주십니다(1,9-10). 그가 비록 유약하고 말주변도 없지만, 주님께서는 '너와 함께 있어 구해줄 것이니 사람을 두려워하지 마라'(1,8) 하고 이르시며 그를 당당한 예언자로 세우십니다. 예레미야는 유다와 예루살렘의 배신과 주님의 심판을 선포하며 회개와 쇄신을 권고합니다.

하느님의 말씀을 받아먹는 예레미야, 14세기, 《역사적 성경》 삽화, 보들리아 박물관, 옥스포드.

2) 성전 설교(7,1-8,3)와 예레미야의 심경(7-10장)

여호야킴은 부왕인 요시야 임금이 몰아내려고 했던 이방인의 문물까지 도입한 폭군이었습니다. 유다 백성은 하늘의 여왕 이쉬타르에게 과자를 구워 바쳤고, 골짜기에서 어린이를 희생시키는 야만 행위를 거행하였습니다(7,7-18 참조). 예레미야는 성전을 성전답게 만드는 조건, 성전을 중심으로 약속된 땅에서 계속 살아갈 수 있는 요건을 회개와 정의의 실천으로 제시합니다(7,3-7 참조). 그는 계속하여 유다 백성의 죄악을 고발하고 하느님의 심판을 선포합니다.

3) 여호야킴 치세 때의 예언(11-20장)

여기에 예레미야의 고백이 다섯 개나 기록되어 있어 '예레미야의 고백록'이라 부르기도 합니다. 예레미야는 조국 유다가 강대국 사이에서 우왕좌왕하다가 무너지는 현장을 지켜보아야 했습니다. 조국의 패망을 선고하는 예레미야의 심판 예언은 곧 유다 조정과 백성의 반대에 부딪칩니다. 그때 그는 외로움과 절망감 속에서 자신 및 하느님과 나눈 마음의 대화를 기록합니다.

4) 치드키야 치세 때의 예언(21-25장)

유다 왕실에게 정의를 실천하라고 호소하고, 정의를 실천하지 않을 때는 주님의 분노가 타오를 것이라고 경고합니다. 결국 유다 왕실은 수난을 당하고 예루살렘이 멸망하는데, 그것은 유다 임금이 정의를 실천하지 않아서 백성이 하느님과의 계약을 저버리고 우상 숭배에 빠졌기 때문입니다.

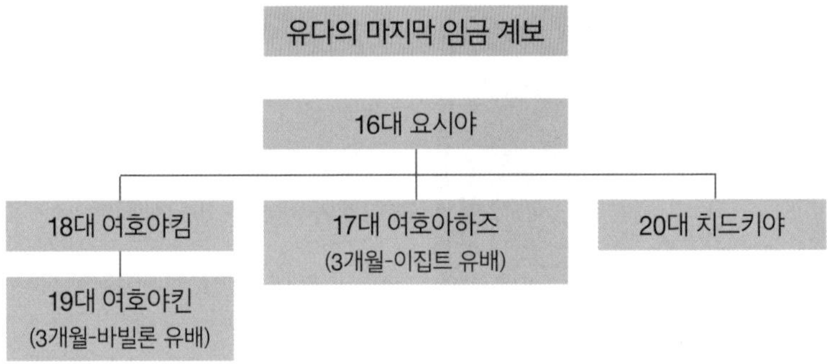

5) 심판과 희망의 예언(26-35장)

새 계약(31,31-34)
1. 새 계약은 주님의 권위와 주도에 따라 맺게 될 것이다(31절).
2. 새 계약은 조상들과 맺은 계약과 다르다(32절).
3. 새 계약은 주님께서 직접 백성의 마음에 새겨 주신다(33절).
4. 새 계약은 새 공동체를 낳을 것이다(33절).
5. 새 계약은 하느님의 용서를 표현한다(34절).
6. 새 계약은 마지막 때의 구원이다(34절).

예레미야는 바빌로니아 제국에 굴복하고 하느님께서 하시는 일에 복종하는 것이 살길이라고 예언하지만, 백성은 그를 매국노로 몰아 그의 충고를 외면합니다.

예레미야는 소명을 받을 때부터 야훼의 말씀에는 심판과 회복, 멸망과 약속이라는 양면이 있다고 깨달았습니다. 예레미야는 멸망 저편에 있는 새로운 백성, 새로운 시대에 끊임없이 눈을 돌렸으며, 이러한 희망의 주제가 뚜렷하게 나타난 부분이 바로 '위로의 소책자'라고 불리는 30-31장과 유다의 회복에 대한 구원의 신탁을 소개하는 32-33장입니다.

주님께서 이스라엘 및 유다의 가문과 맺을 새 계약은 하느님의 의도가 역사에서 실현되고 있음을 나타냅니다(31,31).

6) 예레미야의 수난기(36-45장)

늙은 예레미야와 바룩(중앙), 15세기, 모랄리쎄 성경 삽화, 바티칸 도서관.

바룩은 예레미야가 투옥될 때부터 사건을 추적하여 장소와 대화를 하나도 놓치지 않고 찾아서 기록하였습니다(37,6-10; 38,2-3; 참조 17-23장).

예레미야의 확고한 신념은 주님께서 그 시대에 네부카드네자르 임금을 통해 세계 정치 사정을 크게 개혁하시리라는 것과, 유다까지 바빌로니아 제국의 지배하에 두시리라는 것이었습니다. 그는 공적으로 선언한 이 예언 때문에 박해를 받아야 했습니다.

7) 이방 민족을 향한 예언(46-51장)

예레미야는 하느님께서 일러 주신 말씀을 이방 민족들에게 전합니다. 예레미야를 통하여 만방, 특히 이집트와 필리스티아, 엘람에 선포된 메시지는 예레미야가 살아 있었을 때 벌어진 특별한 역사적 사건과 관련되어 있다고 봅니다.

8) 부록(52장)

예레미야가 예루살렘과 유다에 대하여 선포한 예언이 이루어진 역사적 사실을 전해 줍니다.

바빌론의 멸망 예고, 12세기, 《즐거운 낙원》 삽화, 시립도서관, 스트라스부르.

3. 가르침

주님의 백성 이스라엘은 하느님과 맺은 계약을 충실히 지키지 않았고, 주님께서 그토록 싫어하시는 우상 숭배를 끝내 버리지 못했습니다. 예레미야는 온갖 불의를 일삼고 있는 백성에게 주님의 '심판'을 전하며 이스라엘의 멸망을 예고하지만, 다시 복구되리라는 희망(30-33장)도 선포합니다. 더불어 당신 뜻에 충실하지 않는 이스라엘을 벌하시지만, 완전히 멸하지 않고 다시 불러 주시는 주님의 사랑과 자비를 전하고 있습니다.

예레미야는 성전에서 예배만 드리면 구원받을 수 있다는 그릇된 신앙을 질타하면서, 성전 예배가 구원의 담보가 될 수 없으니 하루빨리 생활 태도를 올바르게 하여 마음의 예배를 드리라고 가르칩니다. 그가 선포한 새 계약은 훗날 예수님의 죽음과 부활을 통해 성취됩니다.

애가·바룩서

21주간

제6일: 애가 1,1- 바룩 6,72
(시편 142,2-6)

1. 애가

1) 입문

① 책의 이름

히브리 성경에서는 유다인들의 괴로운 감정을 표현한 첫 단어를 따서 '에카(אֵיכָה: '아', '어떻게'라는 뜻)'라고 했습니다. 그리스어 성경에서는 '트레노이(Θρηνοι: 애가)'라 불렀고, 라틴어 성경에서는 같은 뜻의 '라멘타시오네스(Lamentationes)'가 사용되었습니다. 그 후 그리스어 이름을 라틴어로 음역한 '트레니(*Threni*)'가 전통적인 이름으로 널리 쓰였습니다.

② 저자

유다 전승에서는 예레미야를 저자로 여깁니다(2역대 35,25). 애가를 '예레미야 애가'라고도 부르거나 애가를 예레미야서 다음에 놓는 것은 이러한 전승의 영향 때문이라고 봅니다. 그러나 난세에 살았던 그가 이처럼 잘 정리되고 다듬어진 문체의 저서를 남긴다는 것은 생각하기 힘듭니다. 또 다섯 개의 노래가 그 형식과 기조가 같지 않아 한 사람(예레미야)의 작품으로 보기는 어렵습니다.

③ 시대 배경

기원전 587년 바빌로니아 임금 네부카드네자르가 예루살렘을 함락하고 성전을 파괴한

이용덕, 예언자 예레미야, 1987, 성서와함께 소장.

역사적 사건을 배경으로 합니다. 유다인들은 매년 아브 달(양력 7-8월) 제9일(성전 파괴 기념일)에 애가를 봉독합니다. 그러면서 기원후 70년에 있었던 두 번째 성전 파괴도 함께 기념합니다.

2) 내용

첫째 애가	폐허가 된 시온
둘째 애가	주님의 진노의 날
셋째 애가	애절한 탄식
넷째 애가	파괴된 도성
다섯째 애가	백성의 기도

다섯 개의 노래가 다섯 개의 장으로 이루어져 있습니다.

① 예루살렘의 참담함(1,1-22)

원수들의 손에 모든 것을 빼앗기고 참혹하게 망가진 예루살렘, 위로하는 이 하나 없이 오히려 원수들의 조롱감이 된 예루살렘을 두고 애곡합니다.

② 주님의 진노(2,1-22)

예루살렘이 비천한 신세가 된 것은 주님께서 벼르시던 징벌이었음을 애절하게 노래합니다. 임금, 신하, 사제, 처녀와 젖먹이까지 버려진 처지에서 눈물을 흘리며 잘못을 뉘우칩니다.

애곡하다, 14세기, 프레스코, 피사.

③ 고통 중에 품는 희망(3,1-66)

자신들이 주님의 뜻을 저버려 하느님의 징벌을 받은 아픔과 슬픔을 토로합니다. 동시에 주님의 자애와 신의를 회고하면서, 그분께서 이스라엘의 부르짖는 소리를 들으시고 구원해 주시리라는 희망과 믿음을 노래합니다.

④ 죄의 고백(4,1-22)

예루살렘의 함락과 비참함은 거짓 예언자와 사제를 비롯한 이스라엘의 죄와 외세에 의존해서 그 고통을 벗어나려 했던 어리석음 때문이라고 깨닫고 고백합니다.

⑤ 주님께서 기억해 주시길 탄원(5,1-22)

자신들이 지은 죄로 인해 예루살렘이 이방인의 손에 넘어가게 된 처참한 상황을 노래하며, 자신들을 기억해 달라고 주님께 탄원합니다. 주님께서 기억해 주시는 것이 삶이며 구원이라고 고백합니다.

독수리가 토끼를 잡듯이 바빌로니아가 유다를 멸망시키다,
15세기, 베사리온 추기경 시편집 삽화, 바티칸 도서관.

3) 가르침

애가는 예루살렘이 불타고 성전이 파괴되어 극심한 충격을 받은 유다인들에게 재난의 의미를 되새기게 하여, 하느님의 참뜻이 무엇인지 일깨우고자 합니다. 이로써 자신들의 과오를 뉘우치고 하느님께 되돌아가 주님의 지속적인 권능과 정의, 자비에 희망을 걸고 살아가도록 이끕니다. 이스라엘의 재난이 주님의 진노(2,3)에 의한 것이긴 하지만 주님의 신의와 자비가 그들의 희망이라고 노래합니다.

2. 바룩서

1) 입문

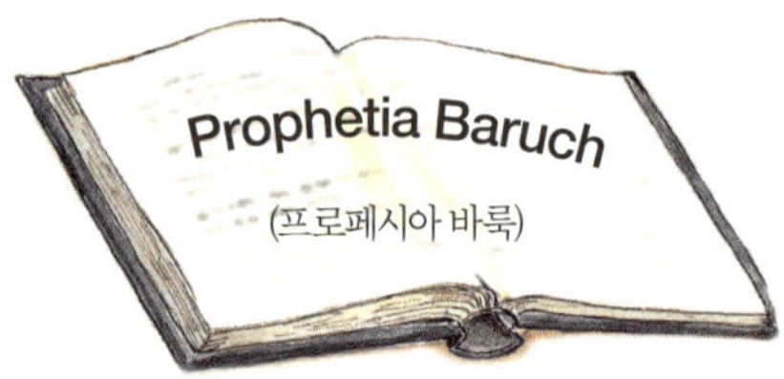

① 저자

예레미야의 서기였던 네리야의 아들 바룩(히브리어로 '복받은 이'라는 뜻)이 바빌론에서 유배살이를 하며 예루살렘에 남은 공동체를 염두에 두고 기술한 것으로 나옵니다(1,1). 그러나 바빌론 유배 당시의 문헌 기록과 상당한 차이가 있는데다 바룩은 바빌론이 아니라 이집트로 끌려간 것으로 알려져 있습니다(예레 43,1-7). 따라서 바룩서는 대략 기원전 3세기에 바룩의 이름을 빌려 그리스어로 쓴 가명假名 작품으로 봅니다.

② 저술 동기

유배 중에 있는 유다인들의 기도(1,15-3,8)와 하느님의 지혜에 대한 묵상(3,9-4,4) 형식으로, 유배 이후의 유다인들로 하여금 자신들의 죄를 뉘우치고 하느님의 자비와 용서를 받게 하기 위해 쓰였습니다.

③ 구분

바룩서는 예레미야의 편지까지 포함하여 다섯 부분으로 나눌 수 있는데, 부분마다 문학 유형이 달라 형성된 시기와 저자도 다르다고 봅니다.

내용	문학 유형
서문(1,1-14)	서술문
참회의 고백과 기도(1,15-3,8)	고백의 기도 양식
지혜에 관한 명상(3,9-4,4)	지혜문학
예루살렘을 위한 권고와 위로(4,5-5,9)	시詩
예레미야의 편지(6,1-72)	편지

2) 내용

역사적 서문과 포로 된 자들의 참회 기도(1,1-3,8)

먼저 바룩서가 쓰인 역사적 상황을 밝혀 주며 참회 기도를 바치는 이유와 시기, 구조에 대해 요약합니다(1,1-14). 이어서 참회의 기도가 소개되는데(1,15-3,8) 이 부분은 고백(1,15-2,10)과 기도(2,11-3,8)로 나눌 수 있습니다. 기도는 다니 9,4-19의 기도와 매우 흡사한데, 현재의 곤경에 대하여 좀 더 자세한 기록을 덧붙입니다.

야곱아, 돌아서서 슬기를 붙잡아라(3,9-4,4)

이스라엘이 남의 나라에서 늙어 가는 것은 지혜의 샘을 외면했기 때문(3,10-12)이라고 일깨우면서 슬기의 불빛을 향하여 밝은 길을 가라(4,2)고 합니다. 하느님께서 모든 지혜의 길을 찾아내시어 당신의 사랑을 받는 이스라엘에게 주셨으니, 하느님의 계명과 율법을 실천하여 지혜를 따르는 사람은 살 것이고, 지혜를 버리는 자는 죽을 것이라고 합니다. 지혜야말로 인간을 진정으로 행복하게 하는 것이기 때문입니다.

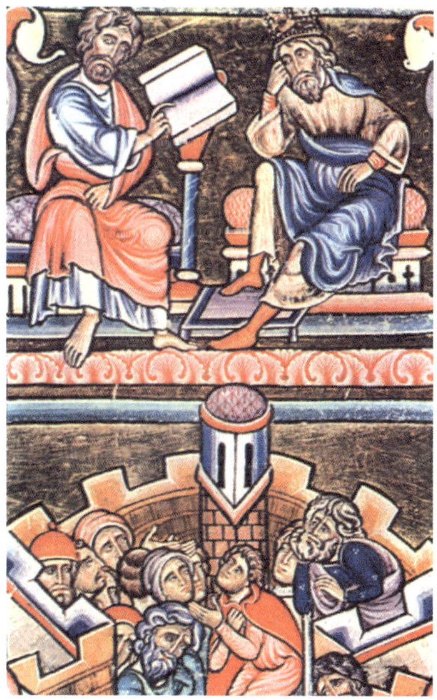

바룩이 왕족과 유배자들에게 이 책의 말씀을 읽어 주다,
12세기, 윈체스터 성경 삽화, 윈체스터 대성당 도서관.

푸치오 카파타, 주님의 천사와 함께 찬양을, 14세기, 프레스코,
성 프란치스코 성당, 피스토이아.

용기를 내어라, 예루살렘아!(4,5-5,9)

"너에게 이름을 지어 주신 분께서 너를 위로하시리라"(4,30). 이렇게 전하면서 머지않아 예루살렘은 슬픔과 재난을 벗고 본토로 돌아갈 것이라는 희망의 메시지를 선포하고 있습니다. 하느님께서는 당신의 영광스러운 빛과 자비와 정의로 이스라엘을 기꺼이 인도해 주실 것이기에, 이스라엘은 하느님의 영광 가운데서 굳건하게 걸어가리라는 용기와 희망을 전하고 있습니다.

경배드릴 분은 주님뿐(6,1-72)

예언자 예레미야의 이름을 빌어 우상 숭배를 경계하라는 내용을 담고 있습니다. 눈먼 사람의 눈을 뜨게 하지도 못하고, 억울한 일을 당한 사람을 구제하지도 못하는 우상의 무능함을 꼬집어 비판합니다. 그러기에 우상들을 두려워할 필요가 없으며 '경배드릴 분은 주님뿐'(6,5)임을 일러 줍니다.

3) 가르침

이스라엘 백성이 바빌론 유배를 겪게 된 것은 하느님의 말씀을 듣지 않고 하느님의 뜻에 맞지 않는 일을 행하며 멋대로 산(1,21-22) 죄의 대가라고 일깨웁니다. 유배된 자들을 구원할 이는 재난을 내리신 하느님뿐이시기에 그분 앞에서 참회하면서 낙심하지 말고 기다리면, 하느님께서는 자비와 정의로 이스라엘을 기꺼이 인도해 주신다는 희망과 용기를 줍니다.

천재지변이나 국난을 당했을 때 그냥 주저앉아 넋두리와 원망을 하기보다 잘못을 돌아보고 삶을 정리함으로써 다시 일어설 수 있는 삶의 지혜를 배우게 됩니다. 저자는 참회하는 마음으로 하느님의 자비를 간구하는 자세를 늘 잊지 않고 간직하기를 바라는 마음에서, 이 책을 "축일과 정해진 날에 주님의 집에서 봉독"(1,14)하라고 권유합니다.

에제키엘서

22주간

제1일: 에제 1,1-8,18
(시편 119,146-160)

제2일: 에제 9,1-16,63
(시편 1,1-6)

제3일: 에제 17,1-24,27
(시편 119,118-130)

제4일: 에제 25,1-32,32
(시편 68,29-35)

제5일: 에제 33,1-39,29
(시편 67,2-8)

제6일: 에제 40,1-48,35
(시편 24,3-10)

1. 입문

예루살렘 멸망과 바빌론 유배(기원전 587/6) 라는 역사의 소용돌이 속에서 유배자들에게 파견된 예언자가 에제키엘입니다. 에제키엘서는 그가 고집 센 유다 백성의 고착된 신앙을 비판하며, 마침내 하느님의 자비로 예루살렘이 재건되리라고 예언한 내용을 담고 있습니다.

1) 책의 이름

예언자 에제키엘이 전한 말씀을 모아 놓은 것이라 그 이름을 따서 '에제키엘(יְחֶזְקֵאל)'이라 했습니다. 이 이름에는 '하느님께서 강하게 하신다'는 뜻이 내포되어 있습니다.

에제키엘이 말씀을 받아먹다, 12세기, 람베드 성경 삽화, 람베스 궁전 도서관, 런던.

2) 저자

에제키엘이 하느님의 부르심을 받아 백성의 불행을 함께 겪으면서 선포한 예언의 말씀을 제자들이 모아 놓은 것입니다.

성경에 따르면, 에제키엘은 사제 부즈(*Buz*)의 아들로서 유배지에서 소명을 받았으며 기혼자였습니다(1,3; 24,15-18). '에제키엘'이란 이름이 뜻하는 대로 그는 하느님의 말씀으로 무장하여, 실의에 빠진 유배자들 한가운데서 '하느님께서 강하게 하신' 힘의 탑이 되었습니다.

그가 전해야 하는 하느님의 말씀은 범상치 않은 상징 행위를 내포하고 있습니다. 에제키엘은 온 삶에서 풍부한 감수성으로 그것을 표현하여 백성에게 메시지를 전달합니다.

3) 시대 배경

기원전 6세기에 근동 지방을 다스린 이는 바빌로니아 제국의 네부카드네자르 임금입니다. 이러한 국제 정세를 못 읽은 유다의 여호야킴은 무모한 항쟁으로 나라를 패망에 이르게 합니다. 결국 뒤를 이은 여호야킨이 3개월 동안 버틴 후 예루살렘은 바빌로니아에게 항복하고 임금과 백성은 유배를 갑니다(기원전 597). 그때 에제키엘도 끌려가 그곳에서 예언자로 부름 받습니다.

4) 구분

에제키엘서의 내용은 예루살렘의 함락을 기점으로 둘로 구분됩니다. 첫 부분은 7년 동안 선포된 심판과 위협, 파멸에 관한 예언입니다. 둘째 부분은 15년 동안 예언된 내용으로 위로와 격려, 회복의 희망이 중심을 이룹니다.

I 심판에 관한 내용: 야훼 여기 안 계시다

1-3장: 부르심과 사명
4,1-33,20: 예루살렘 함락을 예시하는 상징 설교, 이민족을 향한 심판
(25-32장: 이민족들에 대한 예언)

전환점 - 33,21: 예루살렘 함락

II 회복에 관한 내용: 야훼 여기 계시다

33-39장: 이스라엘의 부활 - 예고
40-48장: 이스라엘의 재건(구원) - 실현

2. 내용

상징	가르침	해당성구
1. 흙벽돌에 그린 도성의 포위망	예루살렘의 포위 공격과 함락	4,1-3
2. 옆구리를 땅에 대고 눕는 자세	위로가 없는 포로 생활	4,4-8
3. 부정한 연료로 만든 빈약한 양식	기근에 관한 상징	4,9-17
4. 칼로 수염과 머리를 깎고 ⅓씩 나눔	철저히 파괴된 도성, 주민들의 죽음과 흩어짐을 상징	5장
5. 유배의 짐을 꾸려 성벽에 구멍을 뚫고 빠져나감	유배민으로 끌려감을 뜻함	12,1-17; 17,20
6. 날이 잘 선 칼의 상징	임박한 심판을 뜻함	21,1-17
7. 네부카드네자르의 칼	정복자 바빌론을 뜻함	21,18-23
8. 모든 것을 녹이는 용광로	죄악에 대한 벌과 심판의 상징	22,17-31
9. 예언자 아내의 급사	거두어 버린 복	24,15-27
10. 두 개의 나무토막	이스라엘과 유다의 재통합	37,15-17

1) 주님의 발현(1,1-28)

에제키엘 예언서의 첫머리에는 환시를 보는 수신인, 환시의 때와 장소가 소개됩니다.

에제키엘은 '환시의 예언자'로 불릴 만큼 놀라운 환시를 많이 체험합니다. 그는 메소포타미아의 크바르강 가, '텔 아비브(*Tel aviv*=폭풍신의 언덕)'에 정착한 유배자들 가운데서 매우 독특한 환시를 봅니다. 크바르강은 바빌론 남쪽 니푸르 성읍 근처를 흐르는 유프라테스강의 한 지류입니다(1,1-3).

네 바퀴와 커룹의 환시, 12세기, 윈체스터 성경 삽화, 윈체스터 대성당 도서관.

먼저 거의 신적 존재로 알려진 네 생물의 형상과 바퀴의 환시가 나타나는데, 이는 신적 현존을 묘사합니다(1,4-25). 이어서 예언자는 어좌 형상 환시를 통해 주님의 영광을 봅니다(1,26-28).

2) 예언자가 하느님께 받은 사명(2-3장)

그때 하느님께서는 에제키엘에게 '사람의 아들아!'라는 독특한 호칭을 쓰십니다. '사람의 아들'은 창조주 하느님께서 지으신 피조물로서 인간을 나타내는 표현입니다.

하느님께서 예언자를 보내시는 목적은 사람들이 듣든 듣지 않든 상관없이, 하느님의 말씀을 전하는 자가 그들 가운데 있다는 사실을 알게 하는 것이라고 분명히 밝히십니다. 에제키엘 예언자는 유배지에 있는 이스라엘 백성에게 하느님 심판의 말씀을 전하고, 그것을 통해 역사의 주인이 주님이시라고 증언합니다. 영광뿐 아니라 심판을 주관하시는 하느님께 대한 순수한 신앙을 가르칩니다. 역사의 주인이신 하느님께서는 그 나라의 흥함뿐 아니라 멸망에 이르는 심판을 주도하시는 분입니다.

3) 예루살렘과 주변 나라들에 대한 심판 선포(4-32장)

만민에게 내리는 하느님의 심판, 12세기, 《성 바오로의 환시와 묵시》 삽화, 시립도서관, 툴루즈.

에제키엘은 상징적 행동과 신탁을 통해 예루살렘의 운명을 예고합니다(4-7장). 이어서 예루살렘의 우상 숭배로 말미암아 주님의 영광이 성전을 떠나고 파괴되며(8-11장) 이스라엘의 모든 백성과 지도자들이 단죄받을 것(12-14장)이라고 알려 줍니다. 그리고 심판의 비유와 은유로 유다를 심판하시는 하느님의 신탁(15-24장)과 이방 민족들에 대한 심판의 신탁(25-32장)을 전합니다.

성전 파괴에 대한 예언은 '하느님께서 현존하시는 성전과 예루살렘'은 결코 망할 수 없으리라고 굳게 믿었던 유다 백성의 신앙에 크나큰 충격을 주었습니다. 성전 파괴는 이스라엘 백성이 하느님을 떠나 살았기 때문이라고 예언자는 지적하고 있습니다.

예루살렘은 하느님 강복의 모형이지만 동시에 심판의 모형이기도 합니다. 예루살렘과 성전의 파괴는 인간이 성전을 하느님보다 더 크게 생각하며 우상처럼 섬긴 결과입니다. 우상 숭배의 열매는 상호 불신과 경쟁과 비방입니다.

4) 위로의 신탁(33-39장)

에제키엘이 이스라엘의 파수꾼으로서 소명을 새롭게 하며, 이스라엘에게 회복의 메시지를 전달합니다. 그는 주님께서 이스라엘의 목자가 되어 주시는 미래의 왕국을 선포하는 동시에 이스라엘을 새롭게 살리시리라는 구원의 메시

성전에서 솟아 흐르는 물, 11세기, 비잔틴 삽화, 바티칸 도서관.

지도 선포합니다. 여기에서 주님은 양 떼를 먹이고 살리는 목자로, 당신의 영을 넣어 주시어 당신의 백성답게 하시는 생명의 주인으로 드러나십니다.

5) 새 이스라엘, 새 성전, 새 예배, 새 땅(40-48장)

정화된 이스라엘에 새 질서가 선포됩니다. 성전 구역이 복구되고 새 성전에 주님의 영광이 돌아와 가득 차며 이스라엘이 완전히 새롭게 됩니다. 바로 그 성전에서 온 세상을 풍요롭게 할 샘이 솟아 흐르며, 그 물이 닿는 곳마다 모든 것이 살아나는 구원의 역사가 펼쳐집니다. 이제 예루살렘은 '주님께서 여기 계시다'는 뜻의 '야훼 삼마'를 새 이름으로 받습니다(48,35).

3. 가르침

에제키엘 예언자는 이스라엘 백성의 불순종과 부정, 특히 안식일 규정 위반(20,12.24) 같은 제의적 잘못을 날카롭게 지적합니다. 그것은 주님께서 사람과 달리 초월자이시고 거룩하신 분이기 때문입니다. 이는 특히 "나의 거룩한 이름"(20,39; 36,20; 43,7)이란 어구에서 잘 드러납니다.

거룩하신 주님께서는 우리의 응답에 좌우되지 않고, 당신의 자비와 사랑으로 우리에게 새 마음과 새 영을 넣어 주십니다(36,26-28). 이렇듯 미리 풍성하게 베풀어 주시는 주님의 은총으로 우리는 죄를 용서받고 새 생명과 새 삶을 기대할 수 있습니다. 따라서 누가 듣든지 간에 예언자는 파수꾼으로(3; 33장) 하느님의 정의와 자비를 충실히 보여 주고 또 경고하는 사명을 수행해야 합니다. 그때 주님께서 계시는 새로운 도성이 드러날 것입니다.

다니엘서

23주간

제1일: 다니 1,1-3,100
(시편 1,1-6)

제2일: 다니 4,1-9,27
(시편 119,9-16)

제3일: 다니 10,1-14,42
(시편 115,1-18)

1. 입문

1) 책의 이름

이 책의 주인공인 다니엘의 이름을 따서 성경의 제목으로 삼았습니다. '다니엘(דָּנִיֵּאל)'의 뜻은 히브리어로 '하느님은 나의 심판자' 또는 '하느님은 심판하신다'입니다. 함께 나오는 세 젊은이의 이름과 뜻은 다음과 같습니다. 하난야는 '주님(야훼)께서 은총을 드러내신다'이고, 미사엘은 '누가 하느님(엘)께 속해 있는가?'이며, 아자르야는 '주님(야훼)께서 도우신다'입니다.

교훈 이야기와 묵시문학이 독특하게 결합된 이 책은 역사적 묵시문학에 속합니다. 이 책의 주제는 영원하고 보편적이며 영적인 메시아 왕국의 도래와 지상의 모든 권세를 초월하는 그 당국의 우월성을 강조하고 있습니다. 주님께 충실한 백성에게 희망을 북돋아 주려고 쓰였습니다.

2) 시대 배경

다니엘서의 내용이 배경으로 삼은 시대는 바빌로니아의 임금 네부카드네자르 때부터 페르시아의 임금 키루스까지 이르는 기원전 6세기입니다. 그러나 실제 역사적 배경은 기원전 2세기입니다. 그때 시리아의 안티오코스 4세 임금

안티오코스 4세의 얼굴이 새겨진 은전, 성서박물관, 파리.

(기원전 174-164)은 유다인의 문화와 관습과 종교를 말살하며, 그리스 문화와 관습을 따르지 않는 유다 백성을 박해했습니다.

다니엘서는 박해로 고통당하는 유다인을 격려하기 위하여 쓰였습니다. 지상의 권력이나 강대국은 언젠가는 무너지고 그 권력자도 잊혀질 것이나, 하느님의 통치는 영원히 계속될 것이라고 서술하고 있습니다.

3) 저자와 저술 연대

다니엘서는 다니엘이 저자라고 암시합니다(9,2; 10,1-2). 예수님께서 다니 9,27; 11,31; 12,11을 인용하여 말씀하신 "다니엘 예언자를 통하여 말씀하신 대로, 황폐를 부르는 혐오스러운 것이"(마태 24,15)에서도 다니엘을 이 책의 저자로 여겼음을 알 수 있습니다.

미켈란젤로, 예언자 다니엘, 16세기, 시스티나 경당, 바티칸.

다니엘서는 전통적으로 앞날의 예언을 담은 실제 역사 이야기로 여겨졌습니다. 그래서 기원전 6세기에 예언자 다니엘이 저술하였다고 간주했습니다. 그러나 다니엘서의 내용이 모두 그때 형성되지는 않았습니다. 여러 저자에 의해 쓰인 내용이 전해 오다가 기원전 164년경에 최종 편찬되었고, 그 뒤에 일부분(9,4-20)이 첨가되었다고 여겨집니다.

다니엘이란 이름을 가진 인물은 구약성경에 여럿 등장합니다. 다윗의 둘째 아들이 다니엘이고, 에즈라 시대에 바빌론에서 돌아온 귀향민 중에도 다니엘이 있습니다. 그러나 그들은 다니엘서 이야기와 별로 연관성이 없습니다. 에제키엘서에서 다니엘은 노아와 욥과 같이 고대에 살았던 의인으로 나오는데(에제 14,14.20), 다니엘은 기원전 14세기 중반의 우가리트 서사시인 〈아캇 이야기〉에도 현명하고 경건한 인물로 등장합니다. 시대 배경상 그는 기원전 6세기를 배경으로 하고 있는 다니엘서의 주인공으로 적합하지 않지만, 현인이자 의인의 한 전형으로 소개된 것 같습니다.

4) 구분

다니엘서는 크게 1부(1-6장), 2부(7-12장), 3부(13-14장)의 세 부분으로 나뉩니다. 그런데 다니엘서는 특이하게도 세 가지 언어로 쓰였습니다. 히브리어(1,1-2,4ㄱ; 8-12장)와 아람어(2,4ㄴ-7,28), 그리고 그리스어(3,24-90; 13-14장) 부분이 그렇습니다.

2. 내용

1부: 다니엘과 세 친구 이야기(1,1-6,29)
(1) 바빌로니아 왕국에 등용된 유다 젊은이들(1,1-21)
(2) 네부카드네자르의 꿈을 해몽한 다니엘(2,1-49)
(3) 불가마 속에서 신앙을 지킨 세 유다 젊은이(3,1-97)
(4) 네부카드네자르의 두 번째 꿈 해몽과 실현(3,98-4,34)
(5) 벨사차르의 잔치 때 나타난 하느님의 뜻(5,1-6,1)
(6) 사자 우리 속의 다니엘(6,2-29)

1) 너희가 섬기는 신이야말로 찬양받을 분이로구나(1,1-6,29)

바빌로니아로 끌려간 다니엘과 그의 세 친구는 교육을 받고 각각 관리로 임명됩니다. 그러나 이방 신상을 경배하지 않은 죄로 사형선고를 받고 불가마와 사자 굴에 들어가지만, 하느님의 도움으로 놀랍게 살아납니다.

불가마 속의 세 젊은이, 14세기, 《다름슈타트 구원의 도》 삽화, 헤센대학교 도서관.

겸손과 통회의 정신이 전면에 흐르고 있는 아자르야의 노래(3,24-45)는 이스라엘의 역사를 회고하며 하느님께 바치는 탄원 기도입니다. 이어 나오는 세 젊은이의 노래(3,51-90)는 창조된 하늘과 땅의 모든 자연과 인간을 통해 하느님께 영광을 드리는 찬미의 기도입니다.

유다 백성이 헬레니즘 시대에 널리 퍼진 이교 문화에 노출되어 있는 시대 배경에서, 이 설화는 율법에 근거를 둔 지혜가 이방인 특히 그리스인의 지혜보다 뛰어나며, 율법을 충실히 지키는 것이야말로 진정한 지혜라고 강조합니다. 하느님께서는 다른 나라 왕들에게 나타난 꿈과 환시를 해석하는 지혜를 충직한 다니엘에게 주시어, 당신이 인간 왕국을 다스리고 역사를 주관하는 분이라고 깨닫게 하십니다.

다니엘 주변에서 일어난 사건들은 세상의 군주들에게 다니엘의 하느님이 인간과 역사의 주재자이심을 생생히 알게 하려는 데 목적이 있습니다.

다니엘서의 환시들

네 왕국의 정체			
2장의 환시	7장의 환시	8장의 환시	해당 국가
금으로 된 머리	사자		바빌론
은으로 된 가슴과 팔	곰	숫양	메디아
청동으로 된 넓적다리	표범	숫염소	페르시아
쇠로 된 아랫다리	끔찍하고 무시무시하고		그리스
쇠와 진흙으로 된 발	아주 튼튼한 짐승		

대제국 연대표	
기원전 626	**바빌로니아**
기원전 624	**메디아**
기원전 539	**페르시아**
기원전 330	**그리스** (프톨레마이오스와 셀레우코스 포함)
기원전 167	미가베오와 하스모네아

2) 하느님께서 정하신 마지막 날은 오고야 만다(7,1-12,13)

2부: 다니엘이 본 묵시적 환시(7,1-12,13)
(1) 네 짐승의 환시(7,1-28)
(2) 숫양과 숫염소의 환시(8,1-27)
(3) 70주간의 해석(9,1-27)
(4) 네 왕국의 환시(10,1-12,13)

하느님 백성인 이스라엘의 역사를 회고하면서 현재 그들이 처한 박해와 사회 상황에 대한 유다이즘의 입장을 설명합니다. 다니엘의 꿈과 환시 속에 나타난 네 짐승과 사람의 아들, 숫양과 숫염

네 짐승의 환시, 12세기, 《성 아만두스의 묵시》 삽화, 존 라일랜드 도서관, 맨체스터.

소, 뿔 달린 동물, 여러 숫자, 천사 등의 묵시적 표현은 왕과 왕국들에 대한 하느님과 사람의 아들의 궁극적 승리를 드러냅니다. 포로로 끌려가 박해받는 유다인들에게 세상 왕국의 마지막 날, 야훼의 날은 꼭 올 것이며, 그날이 언제인지는 비밀이지만 그때까지 많은 이들이 단련받아 깨끗해질 것이므로 끝까지 참으며 하느님께 충실하라고 일깨웁니다.

3) 당신께 희망을 건 사람들은 절대로 실망하지 않습니다(13,1-14,42)

두 원로와 수산나, 15세기, 《역사적 성경》 삽화, 국립도서관, 파리.

3부: 다니엘의 다른 공적들(13,1-14,42)
(1) 모함에 빠진 수산나를 구함(13,1-64)
(2) 벨의 사제들의 음모를 밝힌 다니엘(14,1-22)
(3) 뱀을 죽인 다니엘(14,23-42)

하느님을 믿는 이들에게 위협으로 다가오는 이교 문화 속에서 불의하게 사는 두 늙은이의 삶과 주님 앞에서 몸을 더럽히는 죄를 짓기보다 죽음을 각오했던 수산나의 이야기를 들려줍니다. 하느님께서는 당신에게 도움을 청하는 무죄한 이를 저버리지 않으신다고 드러내며, 모세의 율법이 유배지에서도 그대로 적용된다는 교훈을 줍니다. 그리고 이방 신상들이 무력한 한낱 우상에 지나지 않음을 극적으로 폭로합니다.

3. 가르침

다니엘서는 종말의 때를 밝히는 예언서라기보다, 종말을 기다리는 신앙인으로서 곧게 살아갈 수 있도록 인도하는 묵시적 지혜의 기록이라고 할 수 있습니다.

다니엘서는 고난과 어려운 박해의 시대에 신앙인들이 가져야 할 참다운 삶의 길을 제시합니다. 또 어려운 상황에서도 야훼 하느님에 대한 감사와 겸손을 잃지 않는 것이 가장 바른 삶의 길이라고 가르칩니다. 그리고 심판이 임박하

사자 굴 속에서 고통받는 다니엘을 주님의 천사들이 돕다, 10세기, 묵시록 주해서 삽화, 테소로 대성당, 제로나.

였으니, 부활에 대한 믿음과 구원에 대한 희망을 갖고 지금의 고난과 박해를 이겨 내며 오직 하느님께 충성하는 정의의 삶을 살 것을 촉구합니다.

다니엘서는 역사의 주인이신 하느님께서 모든 국가의 흥망을 주재하시고, 마침내 온 민족을 다스리는 당신의 통치를 확립하실 것이라 일깨워 주며, 희망을 잃지 말라고 호소합니다. 또 보이는 세계 너머에 있는 보이지 않는 또 다른 차원의 세계를 제시하여 하느님에 대한 믿음을 강조합니다.

이러한 다니엘서의 메시지는 비단 그 시대의 유다인뿐 아니라 온갖 유형의 시련에 시달리는 하느님의 백성에게 믿음과 용기의 원천으로 늘 생생하게 살아 있습니다.

호세아서

23주간

제4일: 호세 1,1-4,19
(시편 103,8-17)

제5일: 호세 5,1-8,14
(시편 73,27-28)

제6일: 호세 9,1-14,10
(시편 69,15-37)

1. 입문

1) 호세아서

① 책의 이름

열두 소예언서의 첫 번째 책은 예언자 호세아가 북 왕국 이스라엘에서 선포한 말씀을 모아 놓은 것이라, 그 이름을 따서 '호세아서'라고 정했습니다. '호세아(הוֹשֵׁעַ)'란 이름에는 '구원하다'라는 뜻이 들어 있습니다.

② 저자

예레미야가 남유다와 운명을 함께 한 예언자라면, 호세아는 북 왕국 이스라엘의 쇠퇴와 멸망을 함께 겪어야 했던 예언자입니다. 그는 자신의 결혼 생활에 비추어 하느님의 말씀을 애절하게 전하고 있습니다.

③ 시대 배경

예로보암 2세가 다스리던 이스라엘 왕국은 번영과 평화를 누렸습니다. 그의 치세 말기(기원전 750년경)에 예언 활동을 시작한 호세아는 이 평화를, 마치 태풍의 눈처럼 곧 다가올 처참한 상황을 예고하는 평온함일 뿐이라고 지적하였습니다.

예로보암 2세가 죽자(기원전 746) 호세아의 예언은 현실로 나타나기 시작했습니다. 안으로는 암살과 음모가 난무하여, 22년 동안 임금이 여섯 명이나 교체되었습니다. 밖으로는 강대국 아시리아가 근동의 통치권자로 세력을 확장하며 압박하였습니다.

이러한 상황에서 호세아는 무엇보다 이스라엘 백성의 걷잡을 수 없는 종교적·도덕적 타락(4,1-2; 6,7-10)이 쇠락과 멸망의 원인이라고 비판하면서, 종교와 사회의 지도층을 집중 고발합니다.

호세아서는 기원전 722년 사마리아가 멸망한 후 호세아의 제자들이 스승의 예언 신탁 말씀을 수집하여 유다 왕국으로 가지고 와서 편집, 완성하였다고 봅니다.

④ 구분

1-3장	불충실한 아내와 충실한 남편	1,1-3,5	호세아의 체험이 담긴 부분으로 결혼 생활이라는 상징을 통해 이스라엘이 하느님과 맺은 계약 관계를 드러냄
4-14장	불충실한 국가와 충실하신 하느님	4,1-9,9	예로보암 2세의 재위 말기에 쇠퇴기로 접어든 정치 상황
		9,10-14,9	이스라엘이 회개하여 돌아오기를 바라시는 하느님의 애절한 사랑

2) 예언자 호세아

호세아는 아모스와 함께 저술 예언자입니다. 자신이 직접 쓰지 않았어도 그가 예언한 내용이 책으로 집대성된 예언자를 저술 예언자라고 부릅니다. 호세아는 기원전 8세기 후반기에 '에프라임'이라고도 불리는 북이스라엘 왕국에 살면서 하느님의 말씀을 선포하였습니다. 사회 비판적 성격이 강한 아모스에 비해, 호세아는 이스라엘의 정치·사회 문제와 밀접하게 관련된 경신례를 강하게 비판하였습니다.

예언자 호세아, 10세기, 바실레이오스 2세의 전례력 삽화, 바티칸 도서관.

호세아는 말씀만이 아니라 그의 삶 전체로 하느님의 말씀을 전합니다. 그의 결혼 생활 자체가 예언자로서 받은 소명이었습니다. 그는 거듭 불륜에 빠지는 죄 많은 여인을 계속 받아들이는 자신의 결혼 생활을 통하여 하느님의 사랑을 전합니다. 하느님의 처지에서 하느님께서 느끼시는 감정을 자기 것으로 삼아 표출하는 호세아의 선포는 열정적이고 호소력이 있으며 힘이 넘칩니다.

2. 내용

호세아가 결혼하여 자식을 낳다, 14세기 성경 삽화,
보들리안 도서관, 옥스포드.

첫째: 아들 - 이즈르엘(יִזְרְעֶאל)(1,4)

예후가 무자비한 피의 숙청을 벌인 장소 이름(1열왕 21장)을 빌어서 이즈르엘이라고 지었는데, 이는 야훼께서 예후 집안을 처벌하시겠다는 상징으로 북 왕조의 운명을 암시한다.

둘째: 딸 - 로 루하마(לֹא רֻחָמָה)(1,6)

'천더기'라는 뜻. '사랑과 자비를 받지 못하는 여자' 즉 이스라엘을 의미하며 이스라엘에 대한 야훼의 인내가 한계를 넘었다는 상징이다.

셋째: 아들 - 로 암미(לֹא עַמִּי)(1,9)

'나의 백성이 아니다'라는 뜻. 버린 자식, 극도로 타락한 이스라엘을 상징하며, 이는 야훼께서 계약 관계를 끊고 당신 백성을 버렸다는 표시이다.

1) 호세아의 결혼 생활(1-3장)

호세아의 초기 예언은 그의 사생활에 관한 것입니다. 그의 결혼 생활 자체가 하느님의 메시지를 선포하는 하나의 상징입니다. 호세아는 세 자녀를 낳는데 그 이름과 뜻은 위와 같습니다.

세 남매와 호세아를 버리고 정부들을 따라간 고메르처럼, 이스라엘도 하느님과의 계약을 저버리고 잡신들을 섬기는 우상 숭배를 하여 간음 행위를 저질렀다고 지적합니다(2,10-15). 주님께 돌아와 주님의 백성(암미 עַמִּי, '나의 백성')이 되고 주님의 자비를 입는 아내(루하마 רֻחָמָה)가 되라고 우리를 초대합니다.

2) 지도자와 백성의 죄와 불성실한 회개(4,1-7,2)

호세아는 이스라엘 백성이 겉으로는 하느님을 아는 것 같으나 실제로는 하느님을 모른다고 지적합니다(4,1-2; 5,1-4

참조). 그 책임은 백성을 올바르게 인도해야 할 사제들과 지도자들에게 있다고 추궁하는 가운데, 호된 심판을 받으리라는 경고와 함께 백성의 탄식(6,1-3)을 전합니다. 그러나 그들의 회개가 피상적이고 일시적인 것에 그치므로(6,4) 그들의 행실은(6,7-7,2) 심판의 재앙을 부를 뿐이라고 밝힙니다.

3) 국가적인 배신과 우상 숭배(7,3-9,9)

예로보암 2세 이후 반복되는 왕위 찬탈로 이스라엘은 무법천지가 되었습니다. 불의와 부패는 고위층에만 있지 않았습니다. 호세아는 반란에 가담한 자들의 가슴이 음모와 술책으로 뜨거운 화덕처럼 달아올랐을 뿐 아니라(7,7), 대신들이 부정직하고 사기를 치며 개인의 이기심에 눈이 어두워 하느님을 안중에 두지 않는다고 비판합니다. 그들은 하느님께 의지하지 않고 세상 것에 빠져 살며 수단과 방법을 가리지 않고 권력을 유지하는 데만 몰두하였습니다. 친이집트파와 친아시리아파로 나뉜 정치적 파당은 자신의 위치를 든든하게 하려고 저마다 외세의 힘을 빌리는 데 급급하다가, 결국 온 나라를 강대국에 제물로 바치고 말았습니다(7,11).

4) 계약의 파기(9,10-13,15)

호세아서는 이스라엘의 이집트 탈출 사건을 중심으로 한 광야 여정을 본보기로 제시하며, 그곳에서 이루어진 선택과 계약관계를 근본 사상으로 삼습니다. 이스라엘을 이집트에서 불러내신 야훼의 사랑이 이스라엘 역사의 모든 사건에 의미와 목적을 부여합니다.

행군하는 아시리아군, 기원전 7세기, 산헤립 궁전 부조, 영국 박물관.

호세아는 하느님의 사랑과 약속을 저버리고 다른 신들에게 충성을 바치며 이방인들의 생활방식을 좇아 사는 이스라엘의 행위를 간음과 같은 것이라고 보았습니다. 결과적으로 이스라엘은 하느님과 맺은 계약을 파기한 것입니다. 계약 파기는 하느님의 심판을 자초하기 마련입니다. 당대 이스라엘의 모든 문제가 바로 이 계약의 파기에서 생겨났다는 것이 호세아의 견해입니다.

고메르를 다시 맞아들이는 호세아, 13세기, 부조, 아미앵 대성당.

5) 회개와 구원 - 주님의 충실한 사랑(14장)

이스라엘이 하느님을 배신한 죄에 대한 심판은 불가피하였습니다. 그러나 그 관계는 사마리아 함락으로 끝날 수 없었습니다. 아내에게 배신당한 남자가 그 아내와 다시 함께 사는 것은 쉽지 않습니다. 그러나 하느님께서는 이스라엘을 버리실 수가 없습니다. 호세아가 결혼 서약을 저버린 여인을 속량하여 기꺼이 데려오듯이, 하느님의 사랑은 죄 많은 이스라엘을 속량하시고 계약 관계를 바르게 다시 놓고자 하십니다(14,5-9).

호세아의 사랑이 고메르의 죄보다도 훨씬 깊고 크듯이 이스라엘에 대한 하느님의 사랑은 끝이 없습니다. 너희 하느님 야훼께 돌아오라고 호소하시며, 당신께 돌아오는 자를 무조건 용서하시는 하느님이십니다(14,2-8). 하느님 편에서 볼 때, 우리가 죄에 떨어지는 것보다 더 가슴 아픈 일은 그 죄 속에서 헤어 나오지 못하는 것입니다.

3. 가르침

호세아가 몰두하는 분은 한결같이 사랑하시는 하느님입니다. 그의 초점은 이스라엘의 쇠상을 파헤치거나 죄목을 나열하려는 데 있지 않고, 이스라엘을 송두리째 받아 안으시는 하느님의 사랑을 전하는 데 있습니다.

이 사랑은 하느님께 대한 우리의 사랑이 아니라 우리에 대한 하느님의 사랑입니다(1요한 4,10). 그 사랑을 외면하고는 다른 곳에서 위안과 기쁨을 찾을 수가 없습니다. 그분을 다시 알아보기 위해서는 회개가 유일한 길입니다. 하느님을 알아본다는 것은 삶의 변화를 가져다 주는 진정한 깨달음을 의미합니다.

그래서 야훼를 안다는 말은 가난하고 궁핍한 자가 도움을 갈구하는 사회에서 하느님의 사랑에 응답하여 사랑과 정의를 실천하며 사는 것을 의미합니다. “자 주님(야훼)께 돌아가자”(6,1).

요엘서

24주간

제1일: 요엘 1,1-4,21
(시편 116,1-7)

1. 입문

1) 책의 이름

'요엘(יוֹאֵל)'이란 예언자의 이름에서 온 것으로 '야훼는 하느님이시다'라는 뜻입니다. 요엘 예언자에 관해서는 "프투엘의 아들"(1,1)이라는 사실만 알려져 있고 그의 생애에 관해 성경은 아무런 말도 하지 않습니다.

2) 저자

요엘서 본문을 통해 저자는 성전이 있는 예루살렘에서 활동하였고 성전 예배에 대한 식견을 지닌 사람이라고 추측할 수 있습니다. 제사 용어(곡식 제물, 제주)가 나타나고, 성전에서 일하는 사람들(사제, 하느님의 봉사자, 제단의 봉사자)이 언급됩니다. 이러한 점에 비추어 요엘을 예배(성선) 예언자로 보기도 합니다.

예언자 요엘, 10세기, 바실레이오스 2세의 전례력 삽화, 바티칸 도서관.

3) 저술 연대

열두 소예언서 중 두 번째 책인 요엘 예언서는 유배 전과 후의 요소를 다양하게 보여 주고 있어 그 저술 연대에 대해서 여러 가지 의견이 있습니다. 그중에서 기원전 830년경인 요아스 시기에 기록되었다는 설과, 페르시아 말기인 기원전 400년경에 기록되었다는 설이 대표적입니다.

그런데 유다 공동체가 예루살렘 성전을 중심으로 살고 있으며, 원로와 사제들이 지도자로 소개되고, 임금에 대한 언급이 전혀 없는 것으로 보아 유배 이후에 집필되었다는 견해가 더 타당해 보입니다. 사용된 어휘도 유배 시대가 훨씬 지난 후의 것이라, 여러 면에서 유배 시대와 그 후 예언자들의 작품과 상통합니다.

2. 내용

1) 메뚜기 떼 - 기근과 참변(1,1-2,17)

요엘 예언자의 말을 경청하는 사람들, 12세기, 윈체스터 성경 삽화, 윈체스터 대성당 도서관.

재앙을 당한 백성을 단식과 기도로 초대하며(1,2-14) 주님의 날을 선포합니다(1,15-2,11). 우선 해야 할 것은 야훼 한 분만을 신뢰하며 그분께 마음을 돌리는 일이라고 호소합니다(2,12-17).

2) 주님의 응답(2,18-27)

주님께서 당신 백성을 불쌍히 여겨 재앙을 끝내시고 유다를 회복시켜 주시며, 유다의 하느님께서 주님임을 드러내실 것이라고 밝힙니다.

3) 주님의 날(3,1-4,21)

주님의 날은 궁극적인 구원을 가져오는 때입니다. 당신의 백성에게 당신의 영을 부어 주어 새롭게 할 것입니다. 하느님의 영이 내릴 때 무서운 우주적 징표가 나타날 것이며, 그때 예루살렘의 성전에서 주님을 부르는 이들은 구원되리라고 예고합니다.

이 예언은 성령 강림의 날을 최초로 언급한 것으로, 신약 시대에 들어와 실현됩니다. 그로 말미암아 구원의 한계는 사라지고 모든 이에게 문이 활짝 열리게 되었습니다. 사도 베드로는 오순절 설교에서 요엘서의 이 대목(3,1-5)을 인용하여 하느님의 영이 모든 사람에게 내릴 것이라고 선포했습니다(사도 2,17-21).

성령 강림, 1000년경, 클뤼니 기도서 삽화, 국립도서관, 파리.

3. 가르침

요엘서는 '주님의 날'을 알려 주는 데 전심전력하면서, 그날이 임박했으니 회개하여 하느님께 돌아오라고 외칩니다.

이미 시작된 종말은 하느님 백성에게 멸망과 함께 궁극적인 구원을 가져올 것입니다. '주님의 날'에는 인간의 상상을 초월하는 엄청난 힘이 나타나서 인간의 역사를 바꾸어 놓을 것이며, 그때에 회개한 이들은 구원되어 죄를 용서받고 하느님의 영을 받아 새 시대를 맞이하리라고 선포합니다.

요엘의 이 외침은 오늘날 그리스도인에게도 그대로 울려오고 있습니다. 우리는 성령만이 우리 안에 그리스도의 현존을 지속시키실 수 있다는 것을 요엘서를 통해 재확인하게 됩니다. 하느님과의 관계를 갱신하라는 예언자의 목소리를 외면하지 않을 때, 우리는 하느님 안에 머물러 살아갈 수 있습니다.

아모스서

24주간

제2일: 아모 1,1-3,15
(시편 11,1-7)

제3일: 아모 4,1-6,14
(시편 50,16-23)

제4일: 아모 7,1-9,15
(시편 107,33-41)

1. 입문

1) 아모스서

① 책의 이름

세 번째 소예언서인 아모스서의 이름은 예언자 '아모스(עָמוֹס)'의 이름에서 나왔습니다. 이 이름은 '들어 올리다, 나르다'라는 히브리 동사에서 유래하는 것으로 봅니다. 따라서 '주님께서 날라 주셨다'는 뜻으로 풀이할 수 있고, 주님의 개입에 감사하는 이름으로 볼 수 있습니다.

② 저자

아모스는 베들레헴 근처의 트코아 출신의 목양업자로 저술 예언자입니다. 그는 유다와 주변 민족들의 삶에 영향을 주는 사건들을 숙고하며 그 안에서 주님의 활동을 봅니다. 아모스는 유다 왕국의 백성이면서 북이스라엘에 파견되어 베텔 성소에서 예언합니다. 그는 시골 출신인데도 뛰어난 문학 표현을 사용하여 중요한 주제를 담은 아모스서의 기초를 놓았습니다.

③ 시대 배경

아모스는 북 왕국 예로보암 2세(기원전 786-746)의 전성기인 기원전 760년경에 예언자로 소명을 받았습니다. 남유다는 우찌야가 통치하던 시대였습니다. 막강한 세력을 지녔던 이집트와 아시리아가 정치적으로 쇠퇴기에 접어들자, 이 틈에 북 왕국 이스라엘은 국경을 확장시키고 교역을 발전시켜 군사, 외교, 경제 면에서 전성기를 이룹니다. 하지만 지배층이 향락과 사치에 빠져 가난한 백성을 착취하고 억압하여 사회정의는 실추됩니다. 또 경신례에서도 화려한 형식만 있을 뿐 신앙의 순수성을 잃어버립니다. 이러한 시대에 아모스는 기득권자들이 저지르는 부정과 불의를 비판하며, 하느님에 대한 오만함으로 더럽혀진 성소를 정화하라고 촉구합니다.

④ 구분

주변국들에 대한 신탁에 이어 이스라엘의 죄상을 고발합니다. 멸망의 기로에 처해 있음을 다섯 가지 환시로 일러 주면서도, 다른 한편으로 희망의 메시지를 전합니다.

1,1-2,16	이웃 민족들에 대한 신탁	예언자의 자기소개 폭력을 쓰는 이웃 여러 나라를 향한 경고 이스라엘의 죄, 하느님에 대한 불충실을 경고
3,1-6,14	이스라엘에 대한 신탁	이스라엘의 죄악에 대한 규탄 (심판의 날, 이스라엘의 남은 자)
7,1-9,10	하느님의 응보에 대한 환시	하느님께서 보여 주신 다섯 가지 환시 (메뚜기 떼, 타오르는 불길, 다림줄, 익은 과일, 성전의 붕괴)
9,11-15	이스라엘의 미래	이스라엘의 번영에 대한 약속(다윗 가문의 회복)

2) 예언자 아모스

베들레헴 동남쪽 9㎞에 위치한 아모스의 고향 트코아 지역의 현재 모습.

트코아의 목양업자였던 아모스(1,1)는 최초의 저술 예언자입니다. 그는 북 왕국의 예배 중심지이며 북이스라엘과 유다의 경계에 위치한 베텔에서 예언 활동을 하였습니다(7,10-17). 하느님의 소명을 받은 그는 시골 출신이었으나 사마리아와 베텔과 같은 주요 성읍의 지식인들에게 강력한 어투로 하느님 신탁을 전하였습니다.

그의 예언서에 기술된 역사와 지리에 관한 풍부한 지식(1,3-2,3), 사건 전개의 논술법(9,1-4.6-12), 언어 구사의 묘미(3,12; 5,5; 6,13), 지혜문학의 정교한 표현법(3,3-8; 5,19; 6,12), 다양하게 사용한 장엄한 전례문(1,3-2,16; 4,6-24) 등으로 보아 아모스는 해박한 지식을 갖춘 사람이라 생각됩니다.

2. 내용

1) 아모스의 메시지 시작(1,1-2)

아모스 예언자가 활동하던 시대에 대한 역사적 정보로 시작하며, 그의 예언자 직무에 대해 믿을 만한 정보를 제공

합니다. "지진이 일어나기 이태 전 그는 이스라엘에 관한 환시를 보았다"(1,1).

2) 이웃 민족들에 대한 신탁(1,3-2,16)

유다와 이스라엘 주변국들이 모두 하느님의 심판을 면치 못할 것이라고 예언합니다. 북동쪽의 다마스쿠스, 남서쪽의 가자, 북서쪽의 티로, 남쪽의 에돔, 동쪽의 암몬, 남동쪽의 모압이 그 대상입니다. 마지막으로 이스라엘에 내린 신탁(2,6-16)으로 절정을 이루며 끝을 맺습니다. 선택받은 이스라엘이지만 하느님의 심판에는 예외가 없음을 나타냅니다.

3) 주님의 말씀을 들으라(3,1-5,17)

이스라엘 백성이 이방 민족과 달리 선택된 민족으로 주님과 계약을 맺은 상대임을 확인합니다. 신탁이 내릴 수밖에 없는 상황을 지적하며(3,3-8) 사마리아에 만연한 혼란과 폭력을 고발합니다. 사회정의가 땅에 떨어져 억울한 자들이 더욱 고통을 당하는 악순환을 지적하며, 겉치레뿐인 예배와 이스라엘의 완고함을 드러냅니다. 불충실한 이스라엘은 죽음으로 가득 차고 폐허가 되리라 경고합니다.

4) 유배 경고(5,18-6,14)

이스라엘의 지도자들은 가난하고 힘없는 동족의 인권을 유린하고 부당하게 이윤을 착복하면서, 희생자들에게서 착취한 것을 예배에 사용하는 위선과 죄악으로 가득 차 있습니다. 먼저 이스라엘 종교의 왜곡된 모습을 비판하고 자만심으로 흥청거리는 이스라엘에게 경고의 메시지를 전하며, 이스라엘의 자만과 불의에 대한 심판을 맹세하시는 신탁을 전합니다.

부의 상징인 상아, 기원전 8세기, 부조, 아시리아 님루드 출토, 영국 박물관.

5) 다섯 가지 환시(7,1-9,10)

장 절	환시	내용(결과)
7,1-3	메뚜기 떼	주님께서 마음을 돌이키셨다(일어나지 않다)
7,4-6	불	주님께서 마음을 돌이키셨다(일어나지 않다)
7,7-9	다림줄	폐허가 되리라
8,1-3	여름 과일 한 바구니	여름 과일(카이츠 קַיִץ)이 이스라엘의 종말(케츠 קֵץ)을 상징한다.
9,1-4	성전의 진동	철저한 파괴(이스라엘에게 특전은 없다)

하느님의 뜻을 상징적으로 나타낸 다섯 가지 환시는 재앙이 멀지 않았음을 예고합니다. 처음의 두 환시는 중동 지방의 대표적 재앙으로, 흉작의 상징인 메뚜기 떼와 가뭄을 일컫는 불 이야기입니다. 셋째 환시는 주님께서 성벽에 다림줄을 드리우시는 환시인데, 심판의 임박함을 상징합니다. 넷째 환시에 나타난 과일 바구니는 축제용으로 베텔 성소에 헌납한 봉헌물이라 볼 수 있습니다. 겉으로는 좋아 보이지만 곧 썩을 수밖에 없는 잘 익은 과일은 이스라엘에 대한 심판이 멀지 않았음을 암시합니다. 마지막 다섯째 환시는 아모스 예언의 절정을 이룹니다. 하느님 정의의 심판 날인 '주님의 날'에 대한 상징으로 나타납니다.

환시 중간에 삽입되어 있는 아모스의 추방 내용(7,10-17)은 자서전 형식으로 기술되어 있습니다. 하느님의 충고를 거침없이 전한 예언자 아모스는 베텔의 사제 아마츠야에게 쫓겨나 더는 예언 활동을 하지 못하게 되었습니다.

환시에 나타난 심판 결과, 11세기, 《성 세베르의 복된 묵시》 삽화, 국립도서관, 파리.

6) 이스라엘의 회복(9,11-15)

"무너진 다윗의 초막을 일으키리라"(9,11)라는 예언은 주님의 사랑과 구원을 약속합니다. 즉 앞의 심판은 죄인들을 향한 무서운 질책입니다. 그러나 심판과 징벌의 예언으로 시작한 아모스의 메시지는 회복과 새 삶의 희망으로 끝을 맺습니다. 다른 예언자들과 마찬가지로 '심판이 결코 주님의 마지막 말씀이 아니다'(9,8ㄴ 참조)라는 점을 일깨워 줍니다.

3. 가르침

이스라엘 임금에게 하느님의 심판을 예고하는 아모스,
14세기, 《역사적 성경》 삽화, 왕립도서관, 코펜하겐.

어느 나라 어느 곳에서나 하느님의 심판은 결코 갑자기 닥치지 않습니다. 늘 예언자를 보내 경고하시고 일상의 다양한 현상을 통해 표징을 보이십니다. 그렇지만 시대의 흐름을 예리하게 감지하는 깨어 있는 소수의 사람들이 제재를 받아 침묵을 강요받을 때, 이미 그 사회는 망망대해에서 등대가 꺼지고 나침반을 잃은 것과 다를 바 없습니다.

기득권 세력이 하느님의 말씀을 묵살하는 현실에서, 정의의 대변자 아모스는 가난하고 억눌린 자들의 편에서 불의에 분노하시는 하느님의 말씀을 선포하며, 마음으로 깊이 회개하여 구원의 길로 돌아오라고 초대합니다. 또한 규정을 지키는 정도의 형식적 종교 예식은 역겨운 위선일 뿐이라고 질타하면서, 참으로 하느님을 믿는 올곧은 공동체로 거듭나기를 촉구합니다.

오바드야서

24주간

제5일: 오바 1-21절
(시편 68,1-7)

1. 입문

1) 책의 이름과 저자

단지 21절로 이루어진 네 번째 소예언서의 저자인 '오바드야(עֹבַדְיָה)'는 '야훼의 종'이란 의미로, 아버지의 이름이나 출신지 등 생애에 대해 아무것도 알려진 바가 없습니다.

2) 시대 배경

10-14절에 관계된 역사적 사건에 비추어 그 시대를 추정합니다. 기원전 587년 예루살렘 함락으로 팔레스티나에 남은 유다인들이 절망과 비탄에 잠겨 있을 때, 팔레스티나 남단에 사는 에돔 민족이 약탈을 일삼으며 유다인들을 괴롭혔습니다.

3) 구분

오바드야는 당시 에돔 민족의 악행을 신랄하게 고발하면서 고통받는 동기(유다인)를 핍박하는 이교 백성들에게 닥칠 주님의 벌을 예고합니다.

에돔에 내린 선고(환시) - 에돔의 멸망과 죄(1-15절)
주님의 날(16-21절)

2. 내용

1) 에돔에 내린 선고(1-15절)

보복과 심판이라는 하나의 통일된 사상으로 에돔의 멸망을 생생하게 표현합니다. 오바드야를 통해 에돔에 내린 하느님의 신탁은 전통적으로 이방 민족들에게 내린 신탁 안에 들어가 있었으리라고 여겨집니다. 15절의 '네가 한 그대로 너희도 당하리라'는 요약문은 보복 신탁을 잘 드러내 줍니다.

2) 시온에 자리 잡은 유다에 대한 신탁(16-18절)

모든 나라가 임박한 심판을 면치 못하리라고 최종 예고됩니다. 이스라엘이 마셨던 쓴잔을 이웃의 모든 민족도 마시게 되리라고 예고하는 가운데, 시온은 다시 거룩한 곳이 되리라고 선포합니다.

3) 이스라엘의 회복(19-21절)

모압과 에돔의 경계를 이루는 제레드강(사진: 김병학).

유배자들이 다시 고국으로 돌아와 예전의 소유를 되찾고 정착하며 안정을 찾는 모습이 그려집니다. 남쪽의 네겝, 북쪽의 에프라임과 사마리아, 서쪽의 필리스티아, 동쪽의 길앗을 모두 차지하리라고 예고됩니다. 마지막 구절(21절)에 승리의 장소로 나오는 시온 산은 에돔의 본거지였던 에사우의 산악 지대와 대조를 이룹니다.

오바드야의 신탁은 이스라엘이 궁극적으로 에돔을 다스리는 주님의 나라가 되리라는 희망찬 예언으로 끝을 맺습니다.

3. 가르침

말씀을 선포하는 오바드야, 12세기, 윈체스터 성경 삽화, 윈체스터 대성당 도서관.

오바드야는 에돔의 이기적인 죄악을 쳐 없애시는 하나님의 승리와 정의를 선포합니다. 그러면서 포악함과 불의를 거부하시며, 약자와 억압받는 자를 보호하고 돌보시는 구원과 해방의 하나님을 강조합니다.

그가 에돔에 대한 심판과 유다에 대한 구원을 선포할 수 있었던 것은 하나님의 정의를 굳게 믿었기 때문입니다. 나라와 종교의 파국에 직면해서도 그 믿음은 꺾이지 않았습니다. 하나님을 온전히 신뢰하는 가운데 교만한 자의 종말을 선포하고 시온에 대한 정열적 사랑을 고백할 수 있었습니다.

오바드야는 짧은 메시지 안에 하나님의 정의, 교만한 자의 굴욕, 시온에 대한 정열적 사랑, 주님의 날에 펼쳐질 절대왕권 등 예언자의 가치관을 잘 담아내 보여 줍니다.

요나서

24주간

제6일: 요나 1,1- 4,11
(시편 107,17-32)

1. 입문

1) 책의 이름

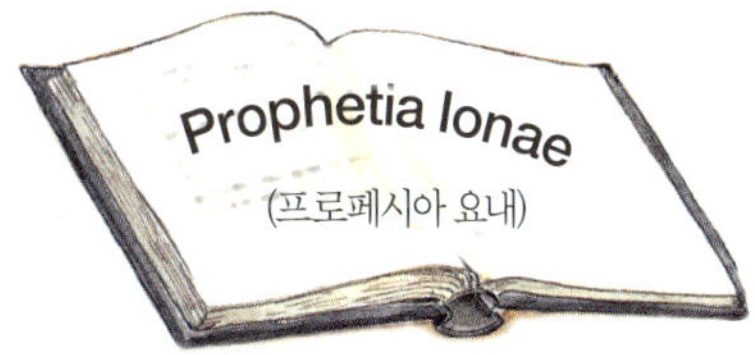

다섯 번째 소예언서인 요나서는 주님의 신탁을 모은 것이 아니라 예언자에 대한 설화로 이루어진 독특한 예언서입니다. 주인공 요나의 이름을 따서 '요나서'라 정했습니다. '요나(יוֹנָה)'는 '비둘기'라는 뜻인데, 이는 이스라엘을 상징한다고 볼 수 있습니다.

2) 저자

요나의 체험이 예언자가 실제로 겪은 일임을 부각시키려고 역사적 실존 인물과 연결해 놓아(2열왕 14,25) 예로보암 2세 시내의 인물로 보기도 합니다. 그러나 요나서의 언어와 사상, 문학 형태 등을 다양하게 연구한 결과, 요나서는 유배 이후 기원전 4세기경에 하느님 구원의 보편주의를 주장하는 현인들에 의해 쓰였다고 보는 견해가 많습니다. 요나서의 저자는 제2이사야보다 구원의 보편성을 더 넓게 반영합니다.

바다에 던져지는 요나, 14세기, 성경 삽화, 테소로 대성당, 제로나.

3) 시대 배경

제임스 페르구손, 아시리아의 수도 니네베 복원도.

유배 이후에 나온 에즈라기, 느헤미야기는 유다 중심의 지나친 민족주의나 배타적 선민주의 경향을 지니고 있었습니다. 요나서는 이러한 이스라엘의 오만하고 고집스러운 모습을 요나라는 상징적 인물을 통해 비판하고, 하느님의 자비와 사랑은 더 보편적이라는 사실을 일깨우려고 쓰인 듯합니다. 요나 이야기의 무대가 된 아시리아의 수도 니네베는 티그리스강 상류에 위치한, 예루살렘에서 약 800km 떨어진 큰 성읍이었습니다. 기원전 8세기에 니네베는 이스라엘의 적이었고, 전염병 때문에 국가적 재난을 겪고 있었습니다.

4) 구분

만물의 창조주, 사랑의 하느님을 핵심 주제로 전합니다. 짧은 이야기에 하느님의 부르심이 두 번 나옵니다(1,2; 3,2).

	만물의 창조주, 사랑의 하느님			
구분	니네베 구원에 대한 소명		니네베 사람들의 회개와 구원	
	1,1-16	2,1-11	3,1-10	4,1-11
내용	요나의 소명과 불순종	요나의 회개와 기도	요나의 순종과 니네베의 회개	요나의 불평과 하느님의 자비
장소	타르시스로 가는 바닷길		아시리아의 수도 니네베	

5) 복음서와의 관계

예수님께서 친히 요나서를 비유로 쓰십니다. 즉 당신께 표징을 요구하는 바리사이 등에게 '요나 예언자의 표징'밖에는 보여 줄 것이 없다고 말씀하십니다(마태 12,39; 16,4; 루카 11,29-30). 이는 예수님의 기적이 사람들을 회개시키기 위한 표징이라는 의미입니다. 나아가 이것은 예수님의 죽음과 "성경 말씀대로 사흗날에 되살아나신"(1코린 15,4) 부활을 가리킵니다. 그래서 예수님께서는 당신이 요나보다 더 큰 분임을 강조하며, 기쁜 소식에 응답할 것을 거듭 촉구하십니다(마태 12,41-42 참조).

2. 내용

아시리아의 배, 기원전 7세기,
산헤립 궁전 부조, 영국 박물관.

다른 예언서와 달리 요나서에 나오는 하느님의 메시지는 "이제 사십 일이 지나면 니네베는 무너진다!"(3,4)라는 한 마디뿐입니다. 나머지 내용은 요나라는 한 예언자의 행동에 관한 이야기로 구성되어 있습니다.

1) 타르시스로 도망가는 요나(1,1-16)

기원전 722년에 북이스라엘을 멸망시킨 아시리아는 잔인하기로 악명 높은 제국이었고, 니네베는 그 나라의 수도였습니다. 민족주의자요 애국자라 할 수 있는 요나는 이스라엘과 적대 관계에 있던 니네베를 구원하기 위해 예언자로 파견된다는 것이 죽기보다 싫었을지도 모릅니다. 그가 도망가고자 했던 타르시스는 고대 페니키아의 식민지였던 스페인의 동해안에 위치한 도시 '타르테소스'를 가리킨다고 추측하는데, 당시 유다인들에게는 세상의 끝으로 알려졌다고 합니다. 요나는 받은 사명을 저버리고 땅끝까지 도망치려 했으나 결국 큰 폭풍을 만나 바다로 던져지고 맙니다.

2) 물고기 배 속에서 기도하는 요나(2,1-10)

요나는 큰 물고기에게 삼켜졌지만, 암흑 속에서 원망하거나 좌절하지 않고 주님께 도움을 청합니다(2,2). 요나가 회개하여 올린 기도는 '요나의 시편'이라 할 만큼 아름답습니다. 요나는 신앙으로 자신에게 닥친 모든 곤경과 참을 수 없는 현재의 고통이 주님의 손에서 온 것이라고 고백하며 구원을 간청합니다.

3) 니네베로 간 요나(3,1-10)

요나는 니네베로 가서 감동을 줄 만한 아무 이야기도 없이, 단지 "이제 사십 일이 지나면 니네베는 무너진다"(3,4)고

외치기만 하였습니다. 그런데 니네베 사람들은 약소 민족의 초라한 남자가 외치는 말을 귀담아들었습니다. 하느님의 말씀으로 믿고 단식을 선포하며, 나쁜 행실을 모두 버리고 하느님에게 돌아섰습니다. 이에 하느님께서는 그들에게 내리려던 재앙을 거두십니다(10절).

4) 하느님의 자비(4,1-11)

요나는 하느님께서 그 성읍을 멸하지 않으시자 잔뜩 화가 나서 불평을 쏟아 놓습니다. 여기서 죄에는 마땅히 벌이 따라야 한다는 인간의 생각이 요나를 통해 드러나면서 하느님의 자비와 날카롭게 대조를 이룹니다. 요나의 선포를 들은 큰 성읍 전체가 회개하여 구원을 받는데, 그럴수록 요나는 니네베에 대한 적대감에 화가 치밀어 오릅니다. 루카 15장에서 돌아온 둘째 아들에게 벌을 주지 않고 잔치로 환영하는 자비로운 아버지처럼, 하느님께서는 "네가 화를 내는 것이 옳으냐?"(4,4)며 타이르십니다.

하지만 요나는 '그 성읍이 무너지리라'고 외쳤던 자기 말이 성취되지 않아서 웃음거리가 될 자신의 체면을 생각하여 더 불편한 마음을 털어놓습니다. 그럼에도 주님께서는 아주까리를 통해 자애롭게 요나를 깨우쳐 주십니다.

요나의 생존과 아주까리, 10세기, 바실레이오스 2세의 전례력 삽화, 바티칸 도서관.

3. 가르침

요나서는 먼저 우주의 주인이며 뭇 민족의 창조주로서 유다인이든 이방인이든 모든 사람을 돌보고 아끼시는 사랑의 하느님을 계시합니다. 사랑의 하느님은 불순종한 요나를 물고기 배 속에서 구하셨고, 회개하는 니네베 사람들에게 자비를 베푸셨으며, 자기 연민에 빠져 있던 예언자에게도 자비를 베푸십니다. 그분은 철부지 어린이들을 돌보시며, 짐승들과 자연까지 배려하시는 자비의 하느님이십니다.

또 요나서는 예언자가 소명과 관련하여 겪는 내면세계도 드러냅니다. 즉 예언자가 주님의 말씀을 전하는 소명을 다하기 위해 정화시키고 다스려야 하는 내면세계를 그리며, 주님의 자비와 사랑을 이야기합니다.

요나를 구하시는 하느님, 1240년경, 시토회 성경 사본 삽화, 서독일 도서관, 마르부르크.

미카서

25주간

제1일: 미카 1,1-3,12
(시편 97,1-12)

제2일: 미카 4,1-7,20
(시편 13,5-6)

1. 입문

1) 미카서

열두 소예언서 가운데 여섯 번째 예언서인 미카서는 모두 7장입니다. 이야기체가 아니라 짧은 시적 문구로 구성되어 있습니다.

① 책의 이름

예언자 미카가 선포한 예언을 주축으로 형성되었기에, 그 이름을 따서 붙였습니다. '미카(מִיכָה)'는 '누가 주님과 같으랴?'는 반문(7,18 참조)이나 탄성(시편 35,10)을 나타냅니다. 주 하느님의 드높으심을 선포하는 뜻을 지닌 만큼 구약 시대에 흔히 사용된 이름입니다.

② 저자 및 저술 연대

미카서도 다른 예언서와 마찬가지로 여러 세대에 걸쳐 편집되었습니다. 대부분이 아시리아의 침략 시기인 기원전 734-700년경에 쓰였으며, 바빌론 유배 시기에 덧붙여지고 편집되었을 것으로 봅니다. 미카서의 전승 자료들이 내용과 연대순에 따라 일관성 있게 편집되어 있지 않기 때문에, 미카서의 저자에 대한 의견도 여러 갈래입니다. 1-3장과 6-7장이 주로 미카의 예언이라는 데에는 많은 학자의 의견이 일치합니다. 4-5장은 유배 이후에 그의 생애와 가르침에서 영감을 받아 정리된 것으로 여깁니다.

③ 시대 배경

미카는 아시리아가 시리아와 팔레스티나 일대를 지배하고 있던 격동기에, 남 왕국 유다에서 예언자로 활동하기 시작했습니다. 유다의 요청으로 시리아와 북 왕국 이스라엘을 쳐들어온 아시리아 임금 티글랏 필에세르 3세는 막강한 군사력으로 기원전 732년에 시리아의 다마스쿠스를 함락시켰습니다. 북이스라엘도 대부분의 영토를 빼앗기고 사마리아 지역만 다스리는 소국으로 전락하였고, 아시리아를 불러들인 유다도 아시리아의 속국이 되었습니다. 급기야 기원전 722년에는 사마리아가 함락되어 북이스라엘은 멸망하고 말았습니다.

포로로 끌려가는 사람들, 기원전 7세기, 산헤립 궁전 부조, 영국 박물관.

유다 임금 히즈키야는 아시리아의 왕위 교체기를 틈타 바빌로니아와 손을 잡고 반反아시리아 정책을 펼쳤습니다. 그러나 새로 즉위한 아시리아의 산헤립 임금은 기원전 701년에 곧바로 쳐들어와 해안 지역을 점령하고 모레셋과 그 지역을 위협하였습니다.

이렇게 강대국이 위협하는데도, 유다 왕국의 지도자들과 예언자들, 사제들과 판관들은 뇌물을 받고 거짓 말씀을 전하며 부당하게 판결을 내려 백성의 원성을 자아내고 있었습니다. 상인들은 순진한 양민을 속였고, 백성은 가나안의 우상과 야훼를 나란히 섬겼습니다(2열왕 21장 참조). 이처럼 나라 안팎이 위기에 처한 상황에서 미카 예언자는 하느님의 말씀을 전하라는 소명을 받았습니다.

④ 구분

미카서는 예언 문학의 전통 구성 방식대로, 징벌(심판)의 신탁과 약속(구원)의 신탁을 번갈아 제시합니다.

1,1	머리글(표제)		"미카에게 내린 주님의 말씀."
1,2-2,11	징벌의 신탁	유다와 이스라엘 심판	"민족들아, 모두 들어라."
2,12-13	약속의 신탁	남은 자들의 회복	"남은 자들을 반드시 모아들이리라."
3,1-12	징벌의 신탁	유다 지도자들 고발	"야곱의 우두머리들아, 이스라엘 집안의 지도자들아, 들어라."
4,1-5,14	약속의 신탁	하느님 백성의 미래 희망	"그날에 … 주님이 시온산에서 … 그들을 다스리리라."
6,1-7,7	징벌의 신탁	주님께서 당신 백성 고발	"너희는 주님께서 하시는 말씀을 들어라."
7,8-20	결론	하느님 왕국의 궁극적 승리	"당신 같은 하느님이 어디 있겠습니까?"

2) 예언자 미카

미카는 남유다의 평원 지대(세펠라 *Shephelah*)에 위치한 마을 모레셋 갓(브에르 세바와 라키스의 중간) 출신입니다. 그는 기원전 8세기의 네 예언자(아모스, 호세아, 이사야, 미카) 중 마지막 예언자입니다. 책의 첫머리(1,1)에 나오는 미카 예언자의 활동 시기에 요탐 임금(기원전 742-735년)의 이름도 들어 있으나, 미카의 예언에서 요탐의 통치와 관련된 내용을 찾기가 어렵습니다. 따라서 미카는 이사야와 동시대인 아하즈(기원전 735-715년)와 히즈키야(기원전 715-686년) 임금 시대에 살았으며, 사마리아의 함락(기원전 722년) 이전부터 유다에서 활동한 것으로 봅니다.

직업 예언자들과 달리 세련되지 않은 언어를 사용한 미카는 사회정의를 선포한 예언자일 뿐 아니라 지배 계층에 대하여 소농들의 권리를 주장한 농촌 예언자로 알려져 있으며, 최후 심판의 예언자로서 명성을 떨쳤습니다. 같은 시대에 활동한 이사야 예언자처럼, 정치적이거나 공적인 문제에 깊이 관여하지는 않았습니다.

그가 선포한 예언 말씀은 사회 각 계층에 영향을 미쳐 그에 대한 기억이 한 세기 후까지도 생생하게 살아 있었습니다. 유다의 원로들이 그보다 백 년 뒤에 활동하였던 예레미야 예언자를 보호하기 위하여, 미카의 예언 말씀을 인용할 정도였습니다(예레 26,18-19).

2. 내용

1) 머리글(1,1)

예언서의 전형적 형태로, 익명의 편집자가 예언자의 이름, 예언자의 활동 시기, 예언 내용을 소개하고 있습니다.

신탁을 전하는 미카, 1410년경, 모랄리쎄 성경 삽화, 바티칸 도서관.

2) 사마리아와 유다에 대한 심판 신탁(1,2-2,11)

미카는 아시리아의 침공이, 우상을 숭배하고 권력을 남용하여 소농들의 땅을 강탈했던 이스라엘의 죄악에 대한 하느님의 심판이라고 선언합니다. 빚더미에 짓눌린 농민들이 자신의 생명과 같은 농토를 내놓아도 눈 하나 깜박하지 않고 가로채 자기 소유로 삼는 권력층의 소행을 비난하여 농민의 입장을 대변하고 있습니다.

3) 남은 자가 돌아오리라는 약속(2,12-13)

목자이신 하느님께서 풀밭의 양 떼를 모아들이듯, 흩으셨던 이스라엘 백성의 남은 자들을 한데 모으시리라는 희망찬 예언이 선포됩니다. 이 부분은 유배 이후에 덧붙여진 내용으로 여겨집니다.

4) 이스라엘 백성의 지도자들에 대한 고발(3,1-12)

이스라엘 백성의 지도자들(3,1-4), 예언자들(3,5-8), 예언자들과 사제들을 포함한 지도자들(3,9-12)로 구분 지어 그들의 죄상을 낱낱이 고발합니다. 하느님의 영과 힘으로 가득 차 있는 미카 예언자는, 야곱의 죄와 이스라엘의 범죄를 고발할 힘과 용기도 받습니다. 그러기에 예루살렘 성전 파괴라는, 유다 백성으로서는 감히 생각할 수조차 없는 사건도 서슴지 않고 예고할 수 있었습니다.

5) 예루살렘의 장래(4,1-5,14)

이제 두 번째 희망, 약속의 신탁이 이어집니다. 그날이 오면 모든 민족이 주님의 집이 서 있는 산으로 돌아오리라는 메시지(4,1-5)는 이사 2,2-5과 매우 유사합니다. 그래서 전해 내려오던 예언을 동시대에 살았던 두 예언자가 저마다 인용한 것으로 보입니다. 이스라엘이 유배에서 풀려나리라는 희망을 알리는 가운데(4,6-14), 메시아가 베들레헴에서 탄생하리라는 예고가 뒤따릅니다(5,1-5). 이 구절은 예수 그리스도의 탄생을 예고하는 구절로 신약성경에 인용됩니다(마태 2,4-6).

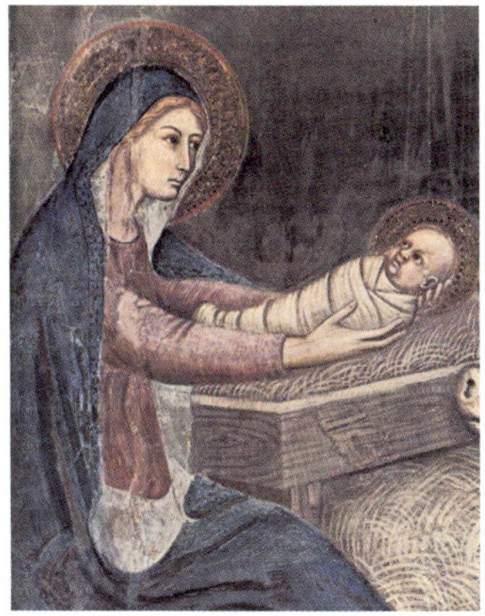

예수의 탄생, 14세기, 바르나 다 시에나의 프레스코, 성 지미냐노 신학교.

6) 이스라엘의 죄를 고발하는 신탁(6,1-7,7)

"너희는 주님께서 하시는 말씀을 들어라"(6,1)라는 서두에 잘 드러나듯이, 주님께서 직접 고발자로 나서 역사를 회고하면서 이스라엘의 잘못을 지적하십니다. 주님께서는 이집트 탈출부터 가나안 정복과 정착에 이르기까지의 사건을 자세히 열거하시면서, 당신이 더 이상 무엇을 할 수 있었겠느냐고 한탄하십니다. 저울추를 속이고 사기만 일삼는 풍조에서 야훼 하느님께서 요구하시는 것은, 공정을 실천하고 신의를 사랑하며 겸손하게 하느님과 함께 걸어가는 일이라고 가르칩니다.

7) 하느님과 같은 신이 없다는 예언적 전례문(7,8-20)

결론 부분은 이사 33장과 40-55장에서 발견되는 위로의 메시지와 비슷합니다. 그동안 지은 죄를 고백하는 가운데, 하느님께 용서를 빌고, 신실하신 하느님께 한결같은 사랑을 베풀어 달라고 간청합니다. 유배 이후 첨가된 대목으로 평가됩니다.

3. 가르침

미카서 전체의 강조점은 하느님의 자비와 성실, 하느님과 인간의 사랑 관계입니다. 즉 미카가 선포한 하느님은 죄를 용서하고 약속에 충실하신, 이스라엘과 계약을 맺으신 그분입니다. 또 만물 위에 계시는 거룩하신 주님이며, 온 세계의 주권자로서 통치하시는 우주의 하느님입니다(1,2-4; 4,13).

미카는 하느님을 거부하는 인간의 죄와 사회정의에 관심을 두며, 호세아, 아모스 예언자처럼 모든 정치·종교 지도자의 교활한 악행을 질타합니다. 이런 시각으로 볼 때 유다를 공격한 아시리아 임금은 다만 하느님의 분노를 드러내는 도구에 불과합니다. 아모스의 정의, 호세아의 사랑, 이사야의 겸손한 믿음, 미카는 이 세 가지 기본적인 덕을 종합하여 하느님의 용서가 가능하다는 사실을 보여 줍니다(6,8).

미카 예언자는 구원하시는 하느님의 권능에 의지하여 확신을 잃지 않고 끝까지 선포합니다. 이런 예언자의 자세가 표명된 7,7의 말씀이 이 예언서의 결론이라고 할 수 있습니다. "그러나 나는 주님을 바라보고 내 구원의 하느님을 기다리리라. 내 하느님께서 내 청을 들어주시리라."

나훔서

25주간

제3일: 나훔 1,1-3,19
(시편 18,4-16.31-35)

1. 입문

1) 나훔서

나훔서는 열두 소예언서 가운데 일곱 번째 예언서입니다. 나훔서는 모두 3장, 총 47절로 짧지만 니네베에 관한 신탁을 힘 있는 말씀으로 단호하게 전하고 있습니다.

① 책의 이름

예언자 나훔이 전한 말씀이라고 하여 그 이름을 따서 붙였습니다. '나훔(נַחוּם)'이라는 히브리어에는 '위로받은 이'라는 뜻이 담겨 있습니다.

② 저자 및 저술 연대

저자로 소개되는 나훔은 엘코스 출신이라는 것 외에 알려진 것이 없습니다. 3,8-10에서 저자는 이미 파괴된 테베에 대해 말하는데, 그것은 기원전 663년에 일어난 일입니다. 그리고 세개의 장 전체에 걸쳐 예언한 니네베의 멸망은 기원전 612년에 실현되었습니다. 그래서 나훔서의 저술 연대는 기원전 663-610년으로 추정할 수 있습니다.

③ 시대 배경

2세기 동안이나 시리아와 팔레스티나를 손아귀에 넣고 흔들었던 아시리아 제국은 기원전 7세기 말에 아수르바니팔 임금이 죽자(기원전 627) 급격히 쇠퇴하기 시작하였습니다. 나보폴라사르가 바빌로니아 임금으로 즉위하여(기원전 625) 세력을 키웠고, 메디아도 합세하여 아시리아를 압박하였습니다. 지금까지 아시리아 중심으로 이루어진 국제 정세가 재편될 수밖에 없었습니다.

티그리스 강변에 위치한 거대한 도시 니네베(현재 이라크의 모술 시 맞은편)는 산헤립 임금이 세운 아시리아의 수도로, 제국의 힘과 부를 상징하는 전쟁과 상업의 중심지였습니다. 니네베가 "피의 성읍"(3,1)이라고 불릴 만큼, 정복민들을 대하는 그들의 잔인성과 비도덕성은 악명이 높았습니다. 고고학자들이 발굴한 니네베 성의 규모는 둘레가 12km, 성벽의 높이는 25m이며, 성벽에는 15개의 성문이 있었습니다(면적은 7.3km2=220만평). 그리고 성 밖에는 과수원과 목장과 농지가 인접해 있었습니다.

나훔은 아시리아의 위세를 한풀 꺾는 니네베 멸망을 선포하면서, 오랜 세월 강대국에 짓눌려 위축된 채 살아야 했던 백성에게 희망을 열어 주고자 했습니다.

기원전 7세기의 니네베 성읍 지도.

④ 구분

나훔서는 아시리아가 멸망하게 된 이유와 주님의 심판을 탁월하게 묘사한 시적 작품입니다. 여러 가지 문학 유형으로 짜인 이 예언서는 모두 이방 민족의 파멸을 묘사하는 어두운 내용입니다. 나훔은 불의한 권력자들의 말로를 힘차고 생생하게 표현하며, 결국에는 주님께서 승리하신다는 확신으로 메시지를 전합니다. 그래서 나훔은 예언자들 중에서 뛰어난 시인이라는 평가를 받고 있습니다.

한때 이스라엘 백성의 불충을 벌하는 하느님의 도구였던 아시리아가 멸망하리라는 예언이 이 책의 전체 내용입니다.

1,1-8	머리말, 열정과 보복의 하느님
1,9-2,3	니네베 함락
2,4-3,19	니네베의 완전한 멸망

2) 예언자 나훔

예언자 나훔, 열두 소예언서 주석 삽화, 9세기, 국립도서관, 토리노.

나훔은 엘코스(1,1) 출신으로 남 왕국 유다에서 활동하였는데, 엘코스가 정확히 어디를 가리키는지 알 수 없습니다. 예언자 나훔은 절망에 빠져 있는 이스라엘 백성에게는 위로를 전하고, 억압자들에게는 서슬 퍼런 경고의 메시지를 전하였습니다. 요나는 니네베에게 회개하라고 촉구하는 반면, 나훔은 니네베가 회개하지 않았으므로 멸망할 것이라고 강도 높게 경고하였습니다.

성전의 제사 의식과 활동에 정통한 것으로 미루어 나훔은 성전 주변에 머무르며 예언직을 수행한 성전 예언자였다고 볼 수도 있지만, 그의 활동이 예루살렘에 한정되었다는 증거는 전혀 없습니다. 그는 예레미야와 같은 대예언자의 신탁과 같이 하느님의 역동적인 개입을 생생하게 드러냅니다. 나훔은 당시 아시리아를 극도로 증오했던 이스라엘 백성의 분노를 대변하며, 그들이 그동안 받은 상처의 아픔을 씻을 수 있는 위로와 강한 희망을 주었습니다. 그런 연유로 후대에 그를 일컬어 '천둥 같은 예언자'라고도 불렀습니다.

2. 내용

1) 머리글(1,1)

예언서의 전형적 형태로 예언자의 이름, 활동 시기, 예언의 선포 대상을 제시하고 있습니다.

2) 열정을 지니신 하느님(1,2-8)

나훔서는 고대 근동 세계를 지배했던 아시리아 대제국의 수도 니네베의 멸망을 예견하면서 고통받는 당신 백성을

잔인한 정복자 아시리아, 기원전 9세기,
살만에세르 3세의 궁전 청동문 부조, 영국 박물관.

구원하러 오시는 주님의 능력을 대자연의 현상으로 표현합니다. 예언자는 하느님께서 능력이 없어 참으시는 것이 아니며, 결코 선인과 악인을 동일하게 다루지 않으신다고 역설합니다. 또 하느님께서는 당신에게 맞서는 자를 그대로 두지 않으신다고 세 번씩 반복하여 기술합니다.

이처럼 나훔은 하느님을 불의와 부도덕을 책벌하는 정의의 신이라고 주장합니다. 동시에 환난의 날에 피신처가 되어 주시는 자비로운 하느님, 분노에 더디시고(1,3), 선하고 의로우신 하느님을 강조합니다(1,7). 나훔서는 모든 자연계에 나타나는 하느님의 현시를 잘 인식하고 늘 응답하려는 자세로 임해야 한다고 일깨워 줍니다.

3) 니네베의 멸망 예고와 유다의 구원 선포(1,9-2,3)

전반부(1,9-14)에서는 아시리아의 패망을 예고합니다. 나훔은 하느님의 선하심과 의로우심을 언급한 후에 바로 말머리를 돌려 거만하기 짝이 없는 강대국 아시리아를 향합니다. "너희는 주님께 무슨 음모를 꾸미느냐?"(1,9)라는 말은 곧 앞에서 언급한 정의의 하느님, 만물의 주인이신 하느님께 어떻게 대적할 수 있느냐는 물음입니다(이사 37,23-29 참조).

후반부(2,1-3)에서는 구원의 기쁜 소식에 대한 확고한 신앙을 바탕으로 축제의 찬미가가 울려 퍼집니다. 나훔은 유다가 적들에게서 구출되기 위해서는 하느님께 드린 서원을 지켜야 한다면서, 시련을 거친 후 다시 돌보아 주시니 용기를 내라고 격려합니다.

사도 바오로는 "보라, 기쁜 소식을 전하는 이, 평화를 알리는 이의 발이 산을 넘어온다"(2,1)는 구절을 로마 10,15에서 예수 그리스도의 복음을 선포하는 데 적용하였습니다.

4) 니네베의 멸망을 경축함(2,4-3,19)

이 부분의 주요 내용은 압제자의 파멸이 하느님의 백성과 억눌린 모든 백성에게 기쁨이 된다는 말씀입니다. 나훔은 전쟁에 패배한 니네베가 이웃 나라에서 약탈했던 많은 보물을 빼앗기고 멸망하는 장면을 목격이라도 한 듯이 상세히 기록합니다(2,4-8 참조).

그는 뜨겁게 내리쬐는 햇빛에 반사되는 무장한 철 병거가 마치 타오르는 횃불처럼 보이고, 그것이 쏜살같이 달리는 모습은 번개 같다고 하면서 니네베 성에 대한 공격을 실감나게 묘사하였습니다. 당시 군인들이 붉은색을 좋아하여 구리를 입혀 만든 방패를 붉은색으로 칠하였기 때문입니다. 또 니네베가 멸망하고 고통받게 된 원인은 하느님이 아니라 그들 스스로에게 있다고 진술하며(3,4 참조), 그들을 악행에 상응하는 벌로 다스리라고 선포합니다.

3. 가르침

예언자 나훔은 아시리아의 포악하고 잔인했던 통치는 막을 내리고 이스라엘 민족이 회복될 것을 알립니다. 그는 약속에 성실하시어 당신의 백성을 잊지 않으시는 하느님, 언제 어디서나 의로운 이들과 함께 하시는 하느님을 알려 주고자 합니다. 아무리 튼튼한 방어벽과 군사력과 무기를 준비해도 하느님께서 치시면 속수무책으로 무너진다는 메시지를 담고 있습니다.

아시리아군이 유다 성읍 라키스를 공격하다, 기원전 7세기, 산헤립 궁전 부조, 영국 박물관.

하바쿡서

25주간

제4일: 하바 1,1-3,19
(시편 20,2-5)

1. 입문

1) 책의 이름

하바쿡은 열두 소예언서 중에서 여덟 번째로 나오는 성경입니다. ‘하바쿡(חֲבַקּוּק)’은 ‘껴안다’는 뜻의 동사(하박)에서 나왔다고 추정하며, 온갖 폭정에 시달리는 백성을 껴안고 하느님께서 반드시 나아지게 하시리라는 확신을 밝히는 예언서라고 볼 수 있습니다.

2) 저자

하느님의 빛(3,4)을 갈구하는 하바쿡, 17세기, 성경 사본 삽화, 국립도서관, 파리.

“하바쿡 예언자가 환시로 본 신탁”(1,1) 내지 “하바쿡 예언자의 기도”(3,1)라고 언급되어 있는 것으로 보아, 이 예언서의 저자가 하바쿡임을 알 수 있습니다. 그가 어떤 인물인지는 알 길이 없지만, “나는 내 초소에 서서, 성벽 위에 자리 잡고서 살펴보리라”(2,1)는 본문 배경이 유배 이후에 성전에서 거주하던 레위인과 사제들의 처지(느헤 13,30; 2역대 7,6 참조)와 비슷해 성전 예언자로 추정합니다.

하바쿡서는 비록 짧지만 장엄한 시편으로 성전에서 자주 읽혔을 뿐 아니라 신약성경에도 여러 번 인용되었습니다(사도 13,40-41; 로마 1,17; 갈라 3,11; 히브 10,38 등 참조).

3) 시대 배경

하바쿡 예언자가 활동한 시대는 "이제 내가 사납고 격렬한 민족 칼데아인들을 일으키리니"(1,6)란 내용으로 미루어 보아 기원전 7세기 말 바빌로니아 제국이 일어나던 시기로 추정할 수 있습니다. 그의 예언은 카르크미스 전투(기원전 605) 전후에 있었던 것으로 봅니다. 그때는 요시야 임금(기원전 640-609) 통치 말기부터 여호야킴 임금(기원전 609-598)의 치세 기간으로, 이스라엘의 하느님에 대한 배신 행위가 극에 달하고 바빌로니아의 침략이 가까워지고 있는 상황이었습니다. 예언자 예레미야와 동시대라고 볼 수 있습니다.

4) 구분

1,1-2,4	하바쿡의 환시 - 예언자의 항변과 하느님의 대답
2,5-20	이스라엘 백성을 괴롭히는 침략자들에 대한 저주
3,1-19	하느님의 승리와 하바쿡의 기도

2. 내용

1) 예언자의 항변과 하느님의 대답(1,1-2,4)

하느님의 대답과 예언자의 항변이 번갈아 제시됩니다. 하바쿡은 하느님께서 백성의 가슴 아픈 처지를 관심 없이 바라보시는 것만 같은 안타까움을 토로합니다. 불의한 자들이 선량한 백성을 함정에 빠뜨리는 현실에서 하느님의 부재를 느낄 수밖에 없다고 고백합니다. 그러나 "의인은 성실함으로 산다"(2,4)는 하느님의 대답을 듣습니다.

2) 불의한 자에 대한 저주(2,5-20)

2,6	고리대금	남의 것을 긁어모으고 담보로 잡은 것을 쌓아 두는 자!
2,9	부당한 이득	부당한 이득을 취하고 재앙의 손길을 벗어나려고 하는 자!
2,12	피, 불의	피로 성읍을 세우고 불의로 성을 쌓는 자!
2,15	술	이웃들에게 술을 먹이고 취할 때까지 화를 퍼붓고는 그들의 알몸을 바라보는 자!
2,19	우상 숭배	나무에게 "깨어나십시오" 하고 돌에게 "일어나십시오" 하는 자!

"불행하여라!"라는 말로 시작하는 다섯 가지 저주는 남의 것을 긁어모아 치부하는 자, 저만 잘 살겠다고 남을 등쳐 먹는 자와 우상 숭배자들이 받게 될 징벌을 묘사하고 있습니다. 악인이 아무리 막강해 보이고 잘 되어 가는 것 같아도 최후는 멸망뿐이고, 모든 물질은 한순간에 사라질 수 있으니 어떤 난관이 닥치더라도 성실히 살라고 요구합니다.

3) 하느님의 승리와 하바쿡의 기도(3,1-19)

사슴처럼 기뻐 뛰는 예언자, 13세기, 성경 사본 삽화, 국립도서관, 파리.

하바쿡은 1-2장에서 갖가지 이해할 수 없는 상황을 주님께 탄원하고 응답을 들으며 대화 형식으로 진행합니다. 그런데 3장에서는 찬미가 형식으로 하느님께 신앙을 고백합니다. 예언자는 무서운 재난 앞에서 입술이 떨리며 뼈가 썩어 들어가는 듯하고 다리가 후들거린다며 재앙이 떨어지는 날을 기다리고 있는 심경을 토로하고 있습니다. 그렇지만 이러한 현실에서 아무것도 바뀐 것이 없어도 하느님을 찬양하며 기뻐한다고 외칩니다.

3. 가르침

예언서들 중에 하바국서만 유일하게 이스라엘에 선포된 신탁을 직접 포함하고 있지 않습니다. 수많은 세계의 역사적 사건에서 하느님의 정의가 과연 어디에 있느냐고 현인들과 예언자들은 묻습니다. 하바쿡서는 강대국의 만행을 고발하면서도 동시에 나의 불의한 삶을 구체적으로 일깨우며, 유다 왕국의 역사적 현실을 예언자의 안목으로 바라보게 합니다.

하바쿡은 공평하게 세상을 다스리는 하느님 앞에 모든 불의한 힘의 만행이 결코 길지 않다고 엄중히 경고합니다. 그러기에 하바쿡서를 통해, 의인은 멀게 느껴질지라도 '진리의 말씀' 안에서 확실한 구원의 길을 따라 끝까지 항구하게 걸어가기를 바라시는 하느님의 뜻을 알 수 있습니다.

스바니야서

25주간

제5일: 스바 1,1-3,20
(시편 135,13-21)

1. 입문

1) 책의 이름과 저자

스바니야서는 예언자 스바니야가 받은 주님의 말씀을 모은 아홉 번째 소예언서입니다. '스바니야(צְפַנְיָה)'는 '야훼께서 숨겨 두시다', '야훼께서 소중히 간직하시다'라는 이름의 뜻대로, 이스라엘 역사에서 예언자가 혹독한 박해를 받았던 어두운 시기에 활동하였던 예언자입니다. 한 전승에 의하면 스바니야는 히즈키야 임금의 후손입니다(1,1 참조).

2) 시대 배경

대외적으로는 아시리아가 여전히 막강했던 시기입니다. 스바니야는 오랫동안 친아시리아 정책을 폈던 유다의 므나쎄(기원전 687-642)와 아몬(기원전 642-640) 임금의 통치 시기를 겪고 여덟 살밖에 안 된 요시야(기원전 640-609)가 왕좌에 오르게 된 시대에 활동한 예언자입니다. 당시는 므나쎄와 아몬 임금 시대부터 가나안의 종교 관습이 성행하였습니다. 이런 배경에서 스바니야는 정치적·종교적 관습을 비판하는 예언을 선포하였습니다.

예언자 스바니야, 15세기, 라틴 성경 삽화, 국립도서관, 카를스루에.

3) 구분

1,1-18	유다에 대한 경고와 위협 신탁	1,1-13 도입(1,1: 머리글; 1,2-3: 전체 심판) 1,14-18 주님의 날
2,1-15	이방 민족들에 대한 위협과 경고 신탁	2,1-3 유다에게 회개하라고 촉구 2,4-15 민족들에 대한 심판 신탁
3,1-8	예루살렘 지도자들에 대한 경고 신탁	3,1-5 예루살렘 심판 3,6-8 예루살렘의 회개 거부
3,9-20	재건의 약속 신탁	3,9-13 민족들의 정화, 남은 자들 회복, 예루살렘 정화 3,14-17 도성에 돌아온 기쁨 3,18-20 예루살렘의 재건

2. 내용

1) 주님의 날(1,1-18)

스바니야는 '주님의 날'을 강조합니다. 이스라엘 백성들이 맞게 될 '주님의 날'은 이스라엘뿐 아니라 이스라엘을 억압하는 나라들과 온 인류에게 오게 될 날이라고 강조합니다. 하느님의 법대로 살다가 고생하는 이 땅의 모든 겸손한 사람이 의로움과 겸손함을 찾아야만 화를 면할 수 있으리라(2,3)고 경고합니다.

2) 이방 민족에 대한 경고 신탁(2,1-15)

필리스티아, 모압, 암몬, 에티오피아, 아시리아 등 유다를 둘러싸고 있는 사방의 이방 민족들에 대해 경고합니다. 주님의 날은 유다 민족만이 아니라 모든 민족이 심판 받아 모든 것이 뒤집어지는 날이 되리라고 선포합니다.

야훼 하느님께서는 심판을 경고하시지만 그 밑바탕에는 모든 이가 회개하여 구원받기를 바라시는 깊은 사랑과 자비가 깔려 있습니다.

3) 예루살렘 지도자들에 대한 경고 신탁(3,1-8)

스바니야는 이스라엘 백성과 예루살렘 지도자들의 비행을 고발하면서 경고하는 신탁을 전합니다. 대신과 판관은 백성을 억압하고, 예언자는 믿을 수 없는 사람이며, 사제는 거룩한 것을 욕되게 하고 율법을 짓밟는다고 질타합니다.

4) 재건의 약속 신탁(3,9-20)

주님께서 민족들을 정화하여 부르십니다. 그리고 이스라엘의 남은 자들을 그 민족들 앞에 영광스럽게 세우십니다. 주님의 법규를 찾는 겸손한 이, 의로움을 지킨 이가 이스라엘의 '남은 자들'입니다. 그들을 시켜 예루살렘을 재건하십니다.

뿔 나팔 소리가 터지는 주님의 날, 14세기, 유다교 예식서 삽화, 라이프치히대학교 도서관.

3. 가르침

스바니야는 유나에 나가온 하느님의 심판을 예고하면서 가나안 종교와 혼합된 우상 숭배를 버릴 것을 촉구하고 겸손과 의로움으로 정화되라고 일깨웁니다. 그는 '주님의 날'을 예언하면서 이스라엘을 비롯한 주변 국가들과 온 땅의 파멸을 예고합니다. 그리고 화를 피할 수 있는 길은 주님께 온전히 의탁하고 회개하는 것이라고 호소합니다. 그러면 주님께서 이스라엘과 주변 민족들을 함께 정화하시고 온전하게 복구하실 것이라는 희망을 약속합니다.

하까이서

25주간

제6일: 하까 1,1-2,23
(시편 78,66-72)

1. 입문

1) 책의 이름과 저자

열 번째 소예언서는 하까이 예언자가 선포한 주님의 말씀을 모은 것이라 '하까이서'로 정해졌습니다. '하까이(חַגַּי)'라는 이름은 '나의 축제일'이라는 뜻입니다. 저자가 예배와 성전에 큰 관심을 쏟고 성전 주변에서 생활한 것으로 보아, 옛 예루살렘 성전 예언자의 후손으로 추측할 수 있습니다.

2) 시대 배경

기원전 538년 페르시아 임금 키루스의 칙령으로 바빌론에서 귀향한 유다인들은 살 곳도 없이 실의에 빠져 있었고, 파괴된 예루살렘 성전을 재건하지도 못한 채 18년의 세월을 암담하게 지냅니다. 백성은 모든 상황이 어렵다는 이유로 '예언 성취가 다른 세대에 속한 것'이라 결론을 내리고 각자의 삶에 열중하였건만, 해가 가고 달이 바뀌어도 기난과 고통의 삶은 나아지지 않았습니다. 기원전 520년에 유다인들 앞에 예언자 하까이가 등장합니다. 하까이는 넉 달 동안 짧게 활동하였으나 그의 설교는 1장 14절이 증언하듯 성공적이었습니다. 그리고 성전 재건을 위한 예언 활동은 즈카르야가 이어받아 계속합니다.

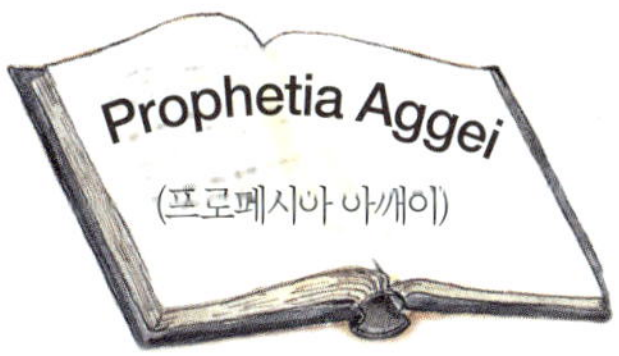

3) 구분

1,1-15	성전을 재건하라
2,1-9	힘을 내어라, 내가 함께하겠다
2,10-19	그날부터 복을 내리리라
2,20-23	나의 종으로 삼으리라

2. 내용

13세기, 하까이서 표지, 바티칸 도서관.

1) 성전을 재건하라(1,1-15)

귀양살이를 하다가 유다로 돌아온 사람들은 함께 무너질 위험에 처합니다. 언제나 그렇듯이 소수 집단이 특권을 누리면서 대다수 사람을 비참한 지경에 몰아넣습니다. 하까이는 그들을 응집시키고 공동체 생활의 중심이 되는 성전을 다시 세우자고 우두머리와 백성에게 호소합니다. 즉 계약의 분위기를 다시 살려내고 백성이 손잡고 뭉쳐서 이 어려운 시기에 삶의 터전을 다시 일구자고 호소합니다.

2) 힘을 내어라, 내가 함께하겠다(2,1-9)

화려했던 옛 성전을 기억하는 이들은 열악한 현재 형편으로 그러한 성전을 지을 수 없다고 지레 포기합니다. 그렇지만 하까이는 중요한 것은 건물이 아니라 주님과 맺은 계약이라고 강조합니다. 장차 뭇 나라의 부富가 성전으로 다 모이리라는 영광스러운 미래를 약속하면서, 백성이 하느님께 온전히 의지하여 성전을 완성하는 그날까지 희망을 잃지 말라고 격려합니다.

3) 그날부터 복을 내리리라(2,10-19)

성전을 건립하는 데 신앙의 순수성을 지키라고 일깨우고 있습니다. 아시리아의 정책으로 부정한 세력이 된 사마리아에게서 어떠한 도움도 받지 않은 채 스스로 성전 건립을 추진하라고 촉구합니다. 성전에 기초를 놓은 그날부터 주님께서 복을 내리시어 계속 가난에 시달리는 유다 백성을 잘되게 하시리라는 희망을 전하며 끝까지 흔들리지 말라고 격려합니다.

4) 나의 종으로 삼으리라(2,20-23)

이방 민족의 멸망을 알리고 총독 즈루빠벨이 하느님께서 들어 올리신 종이라고 선포합니다. 팔레스티나 밖의 광범위한 지역에서 페르시아의 통치에 대항하는 반란이 속출하고 있던 상황에서, 하까이는 '주님의 날'이 임박하여 이방 민족이 멸망하고 메시아의 왕국이 도래할 것이라고 선포합니다.

3. 가르침

하까이 예언자는 어려운 처지에서도 우선 해야 할 일이 무엇인지 일깨워 줍니다. 예언자의 격려에 힘입어 두 번째 성전이 완성되고, 이로써 이스라엘의 새로운 시대가 열렸습니다. 이 성전은 한낱 건물이 아니라 유다인들의 메시아 희망을 담은 하느님의 집이었습니다. 그 희망은 진정한 성전이신 예수 그리스도에게서 성취되었습니다.

공동체의 모든 역량을 모아 성전을 짓다, 중세 성당 건축 삽화, 영국 도서관.

즈카르야서

26주간

제1일: 즈카 1,1-2,17
(이사 45,20-25)

제2일: 즈카 3,1-6,15
(시편 65,5.10-11)

제3일: 즈카 7,1-8,23
(시편 41,2-4)

제4일: 즈카 9,1-11,17
(이사 52,1-12)

제5일: 즈카 12,1-14,21
(시편 29,1-11)

1. 입문

열한 번째 소예언서인 즈카르야서는 동시대에 한 저자가 전체를 다 썼다고 볼 수 없습니다. 크게 두 부분으로 나눌 수 있는데, 1-8장(즈카르야서)은 성전 재건과 예언자의 신탁을 담고 있고, 9-14장(제2즈카르야서)은 폭넓은 메시아 사상을 전해 주고 있습니다.

1) 즈카르야서

① 책의 이름

예언자 즈카르야의 말씀을 모아 놓은 것이라 그 이름을 따서 '즈카르야서'라 했습니다. '즈카르야(זְכַרְיָה)'란 이름은 '야훼께서 (당신의 약속을) 기억하신다'는 뜻입니다.

② 저자

1-8장을 쓴 즈카르야는 하까이와 동시대의 예언자로 성전 재건과 함께 하느님이 억압받는 백성들에게 돌아오신다는 희망의 메시지를 전하였습니다. 한편 9-14장을 기술한 제2즈카르야는 원原즈카르야보다 약 200년 후에 활동한 여러 저자로 봅니다.

즈카르야의 무덤(피라미드 지붕)으로 부르나 기원전 2세기의 한 사제 가문의 무덤이다, 키드론 골짜기, 예루살렘.

③ 시대 배경

기원전 539년 페르시아의 키루스 임금이 바빌론을 정복하여 메소포타미아 지역의 패권을 장악하였으나, 중요한 지역인 이집트는 정복하지 못했습니다. 따라서 이집트 정복을 최대 목표로 삼았으나, 이를 실현하지 못하고 키루스가 죽자(기원전 530) 그의 아들 캄비세스 2세가 그 숙원을 이어받습니다. 그러나 그가 후계자 없이 죽자 내분이 일어나고 주변국과 전쟁을 자주 일으켜 페르시아의 국권은 약화되었습니다. 그때 다리우스 1세가 패권을 장악하여(기원전 520) 다시 안정을 이루고 정복지 민족들에게 문화와 종교의 자유를 허용합니다. 그에 힘입어 유배자들은 희망을 품고 예루살렘 성전을 다시 짓게 됩니다.

한편 제2즈카르야서는 알렉산드로스 대왕의 정복과 페르시아의 멸망이라는 역사적 맥락에서 이해할 수 있습니다. 기원전 323년 알렉산드로스가 죽자 권력 다툼으로 제국이 분열되는데, 그중 이집트를 차지한 프톨레마이오스는 예루살렘을 공격하여 많은 유다인을 포로로 잡아 이집트로 끌고 갔습니다. 이러한 상황을 플라비우스 요세푸스는 "프톨레마이오스는 예루살렘과 인근 유다 산악 지대, 사마리아 지역과 그리짐산 주변에서 많은 사람을 붙잡았다. 그리고 그 모든 사람을 이집트로 끌고 가서 강제로 정착시켰다"(《유다 고대사》 XII, 1,1 참조)고 기록하였습니다.

④ 구분

제1부	1-8장: 성전 건축 중에 기록(해방되리라는 희망)
	1,1-6 머리글: 회개하라는 호소
	1,7-6,15 여덟 가지 밤의 환시와 신탁
	7,1-8,23 신탁 모음: 단식 설교
제2부	9-14장: 성전 건축 후에 기록
	9-11장 신탁 모음집(I): 겸손한 메시아가 오리라는 희망
	12-14장 신탁 모음집(II): 하느님 왕권의 도래에 대한 희망

2) 예언자 즈카르야

"이또의 손자이며 베레크야의 아들인 즈카르야 예언자"(1,1.7)라는 본문의 말씀 외에 즈카르야에 대해 알려진 바가 없습니다. 베레크야의 아들인 즈카르야는 예언자이며, 성전과 단식에 대해 관심을 가진 것으로 보아 사제 가문이었을 것으로 추정합니다. 또한 그는 야훼 하느님께서도 유다인들을 기억하여 예루살렘에 돌아오셨다고 희망을 불어넣습니다(1,16; 8,20-23 참조).

하까이 예언자와 같은 시대에 같은 목적으로 예언 활동을 한 즈카르야는 파괴된 성전을 재건해야 할 필요성을 역설하였습니다. 그러나 처지가 서로 다른 사람들 사이에 갈등의 골은 점점 깊어지고 있었습니다. 본토에 남아 있던 옛 유다인들, 유배지에서 돌아온 사람들, 팔레스티나 밖에서 살면서 영향력을 행사했던 유다인들 사이의 갈등과 긴장 속에 즈카르야는 하느님의 말씀에 귀 기울여야 한다고 호소합니다.

2. 내용

1) 해방되리라는 희망(1-8장)

해방의 희망을 전하는 이 부분은 재건된 성전을 중심으로 유다와 예루살렘에서 살던 유다인들에게 희망의 말씀을 전하기 위하여 모아 놓은 일련의 신탁과 여덟 가지 환시를 담고 있습니다. 여기에서 즈카르야는 공동체를 형성하고 해방시키시는 성령의 활동을 깨닫도록 해 주시는 하느님의 말씀을 받아들여 회개하라고 예루살렘 공동체에 호소하고 있습니다. 이 호소는 하느님께서 다윗에게 하셨던 약속이 온전히 이루어지리라는 희망을 뒷받침합니다.

① 회개하라는 호소(1,1-6)

하느님께서는 백성이 회개할 때 오시며, 이 회개는 하느님께 돌아가는 것이라고 알립니다. 또한 회개는 예언자들이 전한 말씀에 대한 충실성을 뜻하기도 합니다(4절). 백성이 하느님께 돌아가는 것은 곧 생명의 길과 죽음의 길 가운데 하나를 선택하는 것과 같다는 메시지를 전합니다.

예언자와 주님의 천사, 14세기, 성경 사본 삽화, 성 즈느비에브 도서관, 파리.

② 여덟 가지 밤의 환시와 신탁(1,7-6,15)

즈카르야서 메시지의 핵심이요 특징인 일련의 환시를 통해, 예언자는 주님께서 오시기 전에 벌어지는 종말 사건을 인식합니다. 주님께서는 백성을 사랑하시고 평화와 안녕을 간절히 바라실 뿐만 아니라 당신이 친히 함께하신다는 것을 상기시켜 줍니다.

첫째 환시, 1240년경, 하이스터바흐 성경 삽화, 프로이센 문화도서관, 베를린.

번호	환시	성경 구절	뜻
1	말 탄 기사	1,7-17	하느님의 불변의 뜻
2	뿔과 대장장이	2,1-4	예루살렘에 있는 이스라엘 백성에게
3	측량줄	2,5-17	
4	예수아 대사제	3,1-10	
5	등잔대와 두 올리브 나무	4,1-14	
6	두루마리	5,1-4	
7	뒤주	5,5-11	
8	병거	6,1-15	사방에 흩어진 이스라엘 백성에게

처음 두 환시는 예루살렘을 선택하신 하느님의 변치 않는 신념을 나타내고, 세 번째부터 다섯 번째 환시까지는 거룩한 도성 예루살렘에 있는 이스라엘 백성에게 내리는 신탁으로 사제 중심의 새로운 시대를 예고합니다. 마지막 여덟째 환시는 사방으로 흩어져 사는 이스라엘 백성에게도 관심을 돌리신다는 약속입니다.

③ 신탁 모음: 단식 설교(7,1-8,23)
유다인들은 다섯째 달과 일곱째 달에 단식을 했습니다. 다섯째 달에는 예루살렘 도성과 성전의 파괴를 기억하며 단식하였고, 일곱째 달에는 그달야가 암살당한 것을 기억하며 단식했습니다(2열왕 25,25 이하 참조).

즈카르야는 당시 유다인들이 단식에 부여하던 의미를 비판합니다. 단식을 그저 국가적 불행을 모면하는 실천으로 보려는 경향을 지적하며, 하느님의 뜻을 알고 실천하기 위한 것이 아니라 자신들의 필요에 따라 단식할 위험이 있다고 알립니다. 그러므로 진실과 자애에 근거한, 고아와 과부들을 돕는 올바른 정신으로 단식을 행하라고 요구합니다(7,4-5 참조).

즈카르야는 임박한 메시아 시대를 알립니다. 성전의 파괴, 멸망, 유배 등 절망적이고 어둡던 단식의 시대가 가고 구원의 시대가 임박한 대전환의 기점이 왔다고 예언합니다. 이 부분은 예루살렘에 사는 백성에게 설교한 예언자의 오래된 신탁을 담고 있으며, 약속의 실현을 기다리던 백성이 예루살렘에서 맞게 될 메시아 시대의 풍요로움을 이야기합니다.

2) 메시아에 대한 희망(9-14장)

제2즈카르야서는 겸손한 메시아가 오시어 세상에 평화를 이루시리라는 희망을 심어 주며, 계약의 역사 속에 개입하시는 하느님의 활동을 기억하게 합니다. 종말론 성격을 지닌 이 부분은 하느님께서 개입하여 세상을 심판하실 때, 이스라엘 백성에게는 구원이 이루어지고 악한 자들에게는 종말이 오리라는 메시지를 전합니다.

① 겸손한 메시아가 오리라는 희망(9 -11장)

예언자는 이웃 민족들이 겪는 국제 정세의 변화를 하느님의 계획으로 드러냅니다. 하느님께서는 페르시아나 그리스처럼 병거와 군마를 쓰지 않으시고, 어린 나귀를 타고 오시는 겸손한 임금 메시아를 통해 구원과 평화를 성취하시리라고 일러 줍니다. 아울러 하느님의 백성(양 떼)을 돌보지 않는 목자들을 처벌하시겠다고 밝힙니다. 그리고 공동체의 장래가 페르시아의 안정과 평화에 있지 않고, 정복을 일삼는 그리스의 군국주의에도 있지 않으며, 오로지 역사 속에서 활동하시는 하느님의 손에 달려 있음을 상기시킵니다.

어린 나귀를 타고 오시는 겸손한 임금 메시아, 12세기, 아토스산 복음서 삽화, 국립도서관, 아테네.

② 하느님 왕권의 도래에 대한 희망(12-14장)

예언자는 하느님께서 유다와 예루살렘을 구원하고 보호하시며, 그들의 모든 죄와 부정을 정화하여 하느님 백성으로 새롭게 난느시리라는 놀라운 비전을 선포합니다.

유다와 예루살렘이 온 세상의 중심으로 우뚝 설 그날, 모든 민족 가운데에서 살아남은 자들이 주님을 경배하러 예루살렘에 모이는 '주님의 날'이 올 것이라고 밝힙니다. 그리하여 하느님 나라의 도래를 확실히 믿고 바라며 지금 여기에서 삶을 쇄신하도록 이끌어 줍니다.

3. 가르침

미켈란젤로, 예언자 즈카르야, 16세기, 시스티나 경당, 바티칸.

성별된 두 사람을 뜻하는 올리브 나무 두 그루(4,14), 13세기, 히브리 성경 삽화, 국립도서관, 리스본.

즈카르야라는 이름에서 알 수 있듯이 하느님께서는 당신 백성을 기억하시고, 그들과 함께하시며 새로운 공동체를 완성하십니다. 전반부에서 즈카르야 예언자는 갈라진 예루살렘 공동체에, 예로부터 함께하신 하느님의 말씀을 받아들여 회개하라는 신탁을 전합니다. 그는 신비로운 모습으로 하느님의 신탁과 환시를 전하는 천사들을 통해 하느님과 사람 사이가 계속 연결되고 있음을 보여 줍니다. 성전 재건이 최우선 과제였던 당시의 상황에서, 새로운 삶의 지침을 하느님의 말씀에서 이끌어 내어 가난한 사람들의 권익을 옹호하려는 예언자의 메시지는 우리 신앙의 근원이 어디에 있는지를 일깨워 줍니다.

제2즈카르야서의 메시지는 폭넓은 메시아 사상을 전하고 있습니다. 다윗과 솔로몬으로 이어지는 이상적 임금, 양 떼를 보호하는 선한 목자, '찔려 죽은 이'(12,10 참조)는 곧 고난받는 주님의 종을 상기시킵니다. 이러한 폭넓은 메시아 사상으로 이방인도 구원받을 수 있도록 하였다는 것이 놀랍기만 합니다.

말라키서

26주간

제6일: 말라 1,1-3,24
(시편 37,27-40)

1. 입문

1) 책의 이름과 저자

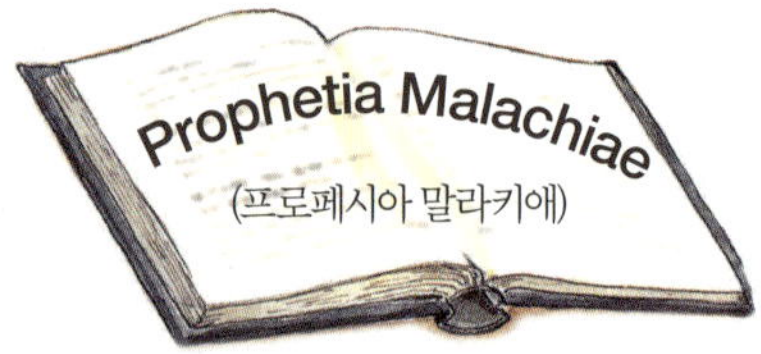

마지막 열두 번째 소예언서의 이름인 '말라키(מַלְאָכִי)'에는 '나의 사자(특사)'라는 뜻이 있습니다. 이 이름이 예언자의 이름인지 분명치 않으나, 예언자의 강한 소명 의식이나 어투로 보아 레위계 사제직 출신임을 짐작할 수 있습니다. 그는 예배나 율법에 제시된 하느님의 뜻을 진지하게 받아들이려는 경건함과 하느님의 말씀이 꼭 이루어지리라고 믿는 철저한 신앙을 지녔습니다.

2) 시대 배경과 저술 연대

주님의 말씀을 받는 말라키, 1240년경, 하이스터바흐 성경 삽화, 프로이센 문화도서관, 베를린.

하까이와 즈카르야는 가까운 장래에 구원의 때가 도래할 것이라고 약속했습니다. 그 표상으로 성전 재건의 중요성을 강조하여 마침내 성전을 완성하였습니다. 그러나 이스라엘 공동체는 두 방향으로 갈라졌습니다. 하나는 희망을 버리지 않고 율법을 지키며 철저한 율법주의를 고수하였고, 다른 하나는 실망과 회의에 빠져 타락한 예배를 드리거나 "하느님을 섬기는 것은 헛된 일이다"(3,14) 하며 하느님께 대한 불신의 삶으로 빠져들었습니다. 말라키는 이러한 종교적 부패 상황을 배경으로 하고 있습니다. 그리고 '낙담의 시대를 위한 메시지'라고 할 수 있는 이 예언서의 저술 연대는 하까이와 즈카르야 시대 50여 년 후, 에즈라와 느헤미야의 활동 이전인 기원전 460년경으로 추정합니다.

3) 구분

제1부 (1,1-2,16) 사제들과 백성들의 죄악	1,1	표제
	1,2-5	나는 너희를 사랑한다
	1,6-2,9	레위와 맺은 나의 계약이 살아 있도록
	2,10-16	나는 아내를 내쫓는 짓을 싫어한다
제2부 (2,17-3,24) 상선벌악을 위해 오시는 하느님	2,17-3,5	나는 심판하러 너희에게 다가가리라
	3,6-12	나도 너희에게 돌아가리라
	3,13-21	의로움의 태양이 떠오르리니
	3,22-24	맺음말

2. 내용

1) 나는 너희를 사랑한다(1,2-5)

예언자는 백성을 향한 변함없는 하느님의 사랑을 확신시켜 구원의 도래를 굳게 믿도록 이끕니다. 또 하느님의 사랑 없이는 구원이 불가능하다는 것을 인식하여 믿음으로 응답하도록 백성의 양심을 일깨우려 했습니다.

2) 레위와 맺은 나의 계약이 살아 있도록(1,6-2,9)

하느님께 합당한 제사를 드리고 백성을 가르쳐야 할 사제들이 예배를 더럽히고 백성을 타락시키고 있으므로 하느님의 징벌을 받을 것이라고 경고합니다. 사제는 주님의 사자이므로 제사를 바치는 직무 못지않게 하느님의 길을 가르치는 교사의 직무가 있으며, 이스라엘과 전 인류는 하느님께 드리는 예배를 새롭게 해야 한다고 강조합니다(2,5-7 참조).

3) 나는 아내를 내쫓는 짓을 싫어한다(2,10-16)

셋째 신탁은 에즈라와 느헤미야의 종교 개혁의 배경이 되는 당시의 잘못된 혼인 풍습을 보여 줍니다. 이방인들과의 혼혈혼과 경솔한 이혼으로 신성한 혼인을 욕되게 하는 것은 하느님을 배신하는 행위라고 지적합니다.

4) 나는 심판하러 너희에게 다가가리라(2,17-3,5)

예언자는 실의에 빠진 백성에게 하느님의 날과 하느님의 사자가 오리라고 예고합니다. 말씀은 이스라엘 백성 전체, 특히 지도층을 향한 것입니다. 그리고 재판을 빨리 끝내고 즉각 형벌을 집행하려고 준비할 만큼 가차없이 단호한 조처를 취할 것이라고 표현합니다.

5) 나도 너희에게 돌아가리라(3,6-12)

이스라엘에 대한 사랑을 하느님의 사랑이 변하였거나 구원 계획이 바뀌었다고 비난하는 공동체에게, 하느님께서는 변함이 없고 그들이 돌아오면 당신도 돌아가리라고 밝히십니다.

6) 심판의 날에 드러나는 하느님의 정의(3,13-21)

마지막 신탁에서는 '하느님을 경외하는 자들'과 '불경한 자들'이 대립되며, 한 집단인 유다 공동체가 다른 집단과 구별되는 것처럼 보입니다. 주님을 경외하는 이들의 이름은 비망록에 기록되고 그들은 주님의 소유가 되어 심판 날에 보호받으리라고 알립니다. 이러한 예언은 의인과 악인을 뚜렷하게 구별하고 주님의 날에 이루어질 상선벌악을 준비시키고 있습니다.

7) 주님의 날이 오기 전에(3,22-24)

모세의 가르침, 율법 준수를 강조하는 이 부분은 예배를 마무리 짓는 표현 양식으로 볼 수 있습니다. 말라키와 열두 소예언서를 끝내는 말이라고 할 수 있는 이 부분은, 예언서 전체에 나오는 메시지에서 율법 준수를 강조하는 결론(22절)을 끌어 낸 후, 한 편의 기쁜 소식을 마감한다고 할 수 있습니다. "이 땅을 파멸로 내리치지"(24절) 않도록 예비하시기 때문입니다.

세례자 요한은 말라키의 예언을 성취하였다, 12세기, 콤네넨 사복음서 삽화, 바티칸 도서관.

3. 가르침

말라키서의 메시지는 위대한 임금(1,14)께서 당신의 백성을 심판하기 위하여 오실 뿐만 아니라(3,1-5.19) 그들을 강복하고 회복시키기 위하여(3,6-12.20) 오신다는 것으로 요약할 수 있습니다. 그래서 말라키서는 "보라, 화덕처럼 불붙는 날이 온다"(3,19)고 하며, 의로운 이들은 기뻐할 것이고 악인들은 짓밟힐 것(3,20)이라고 경고합니다.

그러니 주님의 종 모세에게 내리신 규정과 법규를 기억해야 한다고 권고합니다(3,22). 또한 그때에 엘리야 예언자를 보내어 당신 백성을 준비시키실 것이라는 하느님의 계획을 일러 줍니다(3,23-24). 후대에 그리스도인들은 말라키서에서 메시아를 예고하는 메시지를 알아듣게 됩니다.

* 사진 및 그림 저작권 출처

사진: 김병학 122; 성서와함께 80, 86, 157; 최민식 14, 41; Cl. Fortier-P. -G. 109; Houvet 13; NATEEV Printing & Publishing Enterprises 116.

일러스트레이션/지도: 제임스 페르구손 126; D. Stronach 139.

그림: 뉴욕, 피어폰트 모르간 도서관 77; 다름슈타트, 헤센대학교 도서관 100(사진: AKG); 라이프치히, 라이프치히대학교 도서관 151(사진: Service Communaute, Paris); 런던, 람베드궁 도서관 92(사진: BAL); 런던, 영국 도서관 23, 52, 155; 런던, 영국 박물관 71, 117, 127, 132, 141, 142; 마르부르크, 서독일 도서관 129(사진: ars liturgica); 바티칸, 바티칸 도서관 10, 21, 27(아래), 33, 83, 88, 96, 106, 111, 128, 134, 154, 167; 바티칸, 바티칸 박물관 50; 밤베르크, 주립도서관 69; 베를린, 프로이센 문화도서관 160, 164; 브뤼셀, 왕립도서관 25(사진: AKG); 슈투트가르트, 뷔르템베르크 국립도서관 26; 아테네, 국립도서관 161(사진: AKG); 에어랑겐, 에어랑겐대학교 도서관 59; 옥스포드, 보들리안 도서관 81(사진: ABK), 107; 윈체스터 대성당 도서관(사진: BAL) 89, 94, 112, 123; 파리, 국립도서관 34(위, 사진: Faksimile Verlag Luzern), 38, 40, 51, 58(아래), 79(사진: Cl. Fortier-P. -G.), 102, 113, 118, 144, 146; 파리, 성 즈느비에브 도서관 37(사진: F. Garnier), 159; 파리, 성서박물관 98(Tournus et C. Saunier.-P. -G.); 프라하, 프라하대학교 도서관(사진: AKG) 44; 피렌체, 국립도서관 19(사진: Bevilacqua); 피렌체, 라우렌시오 도서관 18; 코펜하겐, 왕립도서관 57, 73(아래), 119; Fratelli Fabbri Editori-Milano(1964) 27(위), 28, 34(아래), 35, 38, 46, 47, 49, 51, 53, 56, 58(위), 59, 66, 84, 87, 89, 90, 95, 101, 102, 103, 107, 112, 119, 125, 140, 149; Ant. H. Tenschert, 《Leuchtendes Mittelalter》 31, 70(사진: ABK); Jean Mazenod 74, 141; Nouvelle Editions s. A. 135.

* ABK: Archiv Bartz/König; AKG: Archiv für Kunst und Geschichte, Berlin; BAL: Bridgeman Art Library, London.

성서사십주간

성경 읽기 안내 구약 2

서울대교구 인가 2007년 6월 1일
초판 1쇄 펴낸날 2007년 6월 18일
22쇄 펴낸날 2025년 8월 19일

편저자 영원한도움 성서연구소
펴낸이 나현오
펴낸곳 성서와함께

주소 서울시 동작구 흑석로13길 7
전화 (02) 822-0125~7
팩스 (02) 822-0128
인터넷서점 www.withbible.com
전자우편 order@withbible.com
등록번호 14-44(1987년 11월 25일)

ISBN 978-89-7635-266-8 94230
978-89-7635-914-8 (세트)